U0828196

西方哲理译丛●

Baruch Spinoza
〔荷〕斯宾诺莎 ——著
陈丽霞 ——译

伦理学

金城出版社
GOLD WALL PRESS
·北京·

本作品一切中文权利归**金城出版社**所有，未经合法许可，严禁任何方式使用。

图书在版编目（CIP）数据

伦理学／（荷）斯宾诺莎著；陈丽霞译．—北京：
金城出版社，2019.4
书名原文：Ethica in Ordine Geometrico Demonstrata
ISBN 978－7－5155－1829－9

Ⅰ.①伦… Ⅱ.①斯… ②陈… Ⅲ.①伦理学 Ⅳ.
①B82

中国版本图书馆 CIP 数据核字（2019）第 031150 号

伦理学

著　　者	［荷］斯宾诺莎
译　　者	陈丽霞
责任编辑	李凯丽
开　　本	660 毫米×940 毫米　1/16
印　　张	13.5
字　　数	156 千字
版　　次	2019 年 4 月第 1 版
印　　次	2019 年 4 月第 1 次印刷
印　　刷	三河市双峰印刷装订有限公司
书　　号	ISBN 978－7－5155－1829－9
定　　价	36.00 元

出版发行	**金城出版社** 北京市朝阳区利泽东二路 3 号 邮编：100102
发 行 部	（010）84254364
编 辑 部	（010）84250838
总 编 室	（010）64228516
网　　址	http://www.jccb.com.cn
电子邮箱	jinchengchuban@163.com
法律顾问	北京市安理律师事务所　（电话）18911105819

译 序

巴鲁赫·德·斯宾诺莎（Baruch Spinoza，1632—1677 年）荷兰伦理学家、唯物哲学家，西方近代哲学史重要的理性主义者和无神论者，与笛卡尔和莱布尼茨齐名。他的一生是为真理和自由而奋斗的一生，他为人公正、善良、满腔热情，终身为人类进步和正义事业而斗争。主要作品有《伦理学》、《神学政治论》、《哲学原理》、《理智政进论》等。

《伦理学》一书是斯宾诺莎的主要著作，他的哲学思想基本上都表述在这本书中。他写这部著作花费了十多年的功夫；从 1662 年写起，到 1675 年才完成。这本书在斯宾诺莎生前并未出版，而在在他逝世 10 年以后才问世。斯宾诺莎《伦理学》并非论述一般经验伦理道德的书，他说的“伦理学”不是一般的“道德谱系学”，也不是“道德规范学”，而是“道德哲学”，是在一种哲学的视野下的“伦理学”。

斯宾诺莎在这本著作中，推翻了宗教关于人格的理论，他明确地提出，神不是别的什么东西，它就是自然。为了取代超自然的神的观念，斯宾诺莎提出了“实体”概念：实体具有永恒性和无限性；实体是万物的内因和根源；实体的任何一个独特属性都是通过自身体现的，属性是构成实体本质的东西，离开了实体，属性也就不存在；形式是指实体的具体表现形态，实体与形式的关系，是整体与部分、原因与结果、本质与现象、无限与有限的关系。

在论述完实体问题之后，此书又详细论述了认识论问题：思维与人体的关系、认识的途径和标准等。他指出人体是思维的对象，思维是对人体的观念，人是思维和人体的统一。同时他指出了人类获得知识的三种途径：第一种知识是感性的意见或想象；第二种知识是理性的知识；第三种知识是直观的知识。第一种知识往往是错误的根源；第二种和第三种知识往往是正确的，教导我们辨别真理与错误。

接着，此书对人类的各种情感、意志与人类认识的关系也作了一定的说明，尤其提出了各种情感对人类理智和认识的影响。他指出人的被动的情感是由不充分和混淆的观念造成的，阐述了人在盲目的情感束缚下的状况和在理性指导下的正确的生活方式。

最后他就如何获得自由进行了阐述，指出自由是一种维持自我存在的努力，它与理性、德行一样都是对人的内在本性和本质存在的肯定，获得自由就是参与到对神的绝对肯定之中。对神的理智的爱是实现人的内在自由的途径。

斯宾诺莎所理解的《伦理学》，并不是一些抽象的道德律令或格言，而涉及道德感情、善恶标准等实际的经验问题，展现了经验世界、情感世界、道德世界的另一种意义。斯宾诺莎的哲学体系的首尾衔接也是经过精心安排的。他在第五部分对理性的爱的强调，与前面的情感和主动、观念和知识的三种思路相呼应。

表面上看，《伦理学》的论述方式非常古老，它几乎完全模仿几何学的方法，先有一批公理，每一个公理下都有简短论述；然后有许多论点，论点下不但有论证，还有一些注释，形式上是很刻板的，现代人读起来会有枯燥之感。逐渐地，从他那枯燥的证明过程中，我也体会出一些意思来了，形式虽然刻板，但是内容还是过硬的。只要你静下心来认真读，就会觉得他用几何证明的方法把哲学形而上学的论点推导出来，显得是那样地坚定不移，要想反驳它，是很不容易的。哲学不能舍弃论证，这是古代希腊为欧洲哲学奠定的基础，是基于一种确定性的寻求和追根寻源的精神，比起那种重感悟的方法来说，各有长处。

此外，为了忠实于原文，我们的翻译基本上采取直译的方式，没有擅自引申乃至曲解原作者的思想。在翻译过程中我们遇到了难以想象的巨大困难，对斯宾诺莎的伦理学只能尽力理解和揣摩，但终归有些地方无法洞察，译文中难免出现少量逻辑体系不太连贯的现象，还望广大读者多见谅。

为了使大家对伦理学的每部分的主要内容有一个总体的了解，我们特意摘出了正文中所有的论点，罗列在每部分的目录中。译文中出现的某些术语乍读起来觉得很奇怪，但如果您在译文中仔细斟酌就能获得其全面准确的含义。因为每个人对斯宾诺莎的《伦理学》的理解都有差异，所以我们的译文只起到抛砖引玉的作用，期待您进一步深入学习研究斯宾诺莎的思想，以修正、丰富我们对其思想的浅薄理解。

译者

目　录

第一部分　神论

概念界定

凡是由自身因素导致的事物，它的本质包含它的存在。

当一种东西能被同类所限制，那么称之为同类有限。比如说，我们称一个物体是有限的，是因为我们心里总是构想着另外一个更大的物体。所以，一种思维会被另一种思维所限制，但是物体不会受思维限制，而思维也不会被物体所支配。

实体是客观存在的，并通过自身展示给世人，换句话说，形成实体的概念都是互相独立的。

属性是指构成实体的本质特性。

形式是指实体在不同的情形下的表现方式，形式是通过其他实体来表现的，而不是通过实体自身。

神是一个绝对不受限制的实体，它由无限多的属性构成，而所有的属性都表现永恒无限的本质。（注释：我所说的神的绝对无限，并不是同类有限，因为在同类有限中，属性的无限性不成立，而在绝对无限中，属性中具备一切足以表示本质的东西。）

自由是由自身的必然性所决定的，而其行为仅由自身所决定。反之，如果一个物体是必要的、而又是受限制的，它的存在和行为将由自身之外的东西所决定。

永恒是指物体自身存在的永恒性。（注释：这种永恒的存在就像物体的本质一样，不能用延续或者时间来解释，虽然延续是无始无终的。）

公理

任何事物不是存在于自身，就是存在于它物之内。

任何事物，不是通过它物所被人认识，就是通过自身被人所认识。

万事有因才有果，一个既定的原因肯定会伴随结果的产生，反之，如果没有原因，也不会有结果。

对结果的认识源于对原因的理解。

没有共性的两个物体无法通过其中一个而理解另一个，因为两个物体的概念完全不同。

一个真实的观念必定与它的对象相符合。

如果一个事物能被认定为不存在，那么它的本质不包含它的存在。

论点

论点一：实体本质上先于它的变形。

论据：根据概念界定第三点及第五点可知。

论点二：两个具有不同属性的实体之间不存在共同点。

论据：根据概念界定第三点可知。因为各个实体必须存在于自身之内，并通过自身被人所认识。换言之，一个实体的概念不会包含另一个实体的概念。

论点三：彼此之间没有共同点的事物，此物不会成为彼物的原因。

论据：如果他们之间没有共同点，那么根据公理第五点，我们知道，此物不可能被彼物所理解，因此，根据公理第四点，此物不会成为彼物的原因。

论点四：两个及两个以上的事物是通过实体属性的不同或者是实体的变形的不同来加以区分的。

论据：根据公理第一点：任何事物不是存在于自身，就是存在于他物之内。就是概念界定第三点和第四点所说的，除了认识以外，没有其他东西可以用来区分众多实体及其变形。

论点五：在宇宙中，不可能存在有着共同性质或属性的两个或者更多实体。

论据：根据第四个论点，得知如果仅看事物属性的不同，那么没有任何实体会有完全一致的属性。如果看事物变形的不同，根据第一个论点：实体本质上先于它的变形，所以抛开实体的变形不论，而根据概念界定第三点和公理第六点对实体自身进行考察，可知众多实体之间有很多的区别，每个实体所具备的属性都是不同的。

论点六：一个实体不可能生产出另一个实体。

论据：根据第二个论点，两个具有不同属性的实体之间不存在共同点，根据第三个论点，彼此之间没有共同点的事物，此物不会成为彼物的原因，可知一个实体不会是另一个实体的原因，也不会被另一个实体所产生。

推论：由此可推出任何一个实体都不会是由自身之外的事物所产生。因为在宇宙中除了实体及其变形之外没有其他东西的存在。（就像公理第一点和概念界定第三点和第五点中所述）。而根据第六个论点：一个实体不可能生产出另一个实体，所以实体不会由自身之外别的事物所产生。反过来的思路更容易证明第六个论点。如果一个实体是由外在的原因所产生的，那么根据公理第四点，认识一个实体源于对其原因的理解；而根据概念界定第三点，形成实体的概念都是互相独立的。那么它就不是实体了。

论点七：存在属于实体的本性。

论据：根据论点六的推论，任何一个实体都不会是由自身之外的事物所产生，可知，实体是它由自身因素所产生的，也就是说实体的本质必然包含存在，或者说存在属于实体的本性。

论点八：任何实体必然都具有无限性。

论据：根据论点五，宇宙中不可能存在有着共同性质或属性的两个或者更多实体。因此，实体从本性上来说包括有限或是无限的存在。假定实体不是有限的存在，根据概念界定第二点，实体会受同类实体限制，这样就存在两个具有共同属性的实体，这与论点五相矛盾，所以任何实体必然都是无限的。

论点九：一个事物的真实性越强，它所具有的属性数量就越多。(根据概念界定四可知)

论点十：实体的任何一个独特属性都是通过自身体现的。

论据：根据概念界定第四点，任何实体都是通过其属性被认知的，所以说任何属性都是通过自身体现的。

论点十一：神或者实体具有无限的属性，每个属性都体现了实体永恒的、无限的本质。

论据1：如果这个论点不成立，那么就是神并不存在，他的本质中也不包括存在。但根据论点七，这个假设是荒唐的。因此神必然是存在的。

论据2：事物的存在与否，都有其因果。比如说，三角形的存在有其原因，而它不存在也必定有理由。而这个原因，不是存在于实体之内，就是在实体之外。所以，如果一件事物，没有原因否定其存在，那么它必然存在。同样，如果没有理由否定神的存在，那么神就是客观存在。神存在的原因，不是在于其自身之内，就是在其自身之外。

论点十二：实体不能通过属性进行分割。

论据：假设实体是可分的，那分割后的各个部分可能仍然具有实体性质，或者失去实体性质。如果仍然保留实体的性质，那么根据论点八，分割后的每个实体是无限的，根据论点六的观点，分割后的各个部分是由于自身原因产生的；根据论点五，各个实体具有独一无二的属性，这就表明一个实体可以产生多个实体，这与论点六是矛盾的。而且，根据论点二，这些部分实体与分割前的实体将没有共同点，根据概念界定第四点和论点十，全体可以不依赖部分而存在，离开部分而被认识，这是荒唐的。考虑第二种情况，如果分割后的部分失去了实体的本性，那么就是说当整个实体被分割后，它就不存在了，这与论点七是相矛盾的。

论点十三：绝对无限的实体是不可分割的。

论据：如果绝对无限的实体能够被分割，那么从这个实体中分割出来的各个部分，要么保留了绝对无限实体的属性，要么没有保留下来。如果是前一种可能性，那么我们可以得出，许多实体具有相同的属性，但事实上这是荒唐的（根据论点五可得知）。但如果是后一种情况的话，那么绝对无限实体就不存在了，而根据论点十一，这个可能性也是不存在的。

推论：由此可推出，没有任何实体或者实体的衍生物是可以分割的。只要是实体，就是不可分割的。

注释：实体的不可分割性这样理解会相对简单一些：根据实体的特性，我们知道实体只能被认为是无限的，而作为实体的部分又只能被理解为是有限的实体。根据论点八，实体有限的说法显然是有冲突的。

论点十四：除了神之外，没有任何实体，也不能设想任何其他的实体。

论据：因为神是绝对无限的，根据概念界定第六点，神不具备表示实体本质的属性；根据论点十一，神又是必然存在的实体，因此除了神以外的其他的实体，要证明这个实体的存在，就需要凭借神的某种属性来说明，但是，这样就存在两个具有相同属性的实体了，根据论点五，这是矛盾的。因此，除了神以外，没有任何实体是能够被设想的。

推论：根据以上论证，我们显然可以得出：神是宇宙中唯一的一个能够设想的实体，这个实体是绝对无限的。

论点十五：任何事物都存在于神之中，没有了神，没有东西能够存在，也不能够被认识。

论据：根据论点十四，除了神之外，不能设想出任何其它的实体。也就是说，没有东西存在于自身之内，而又通过自身被认识。但是，如果没有了实体，概念界定第五点中的形式也就不复存在，认识也无从谈起。但根据公理第一点，任何物体不是存在于自身之内，就是存在于自身之外，所以没有神，就没有任何事物的存在，事物也不能够被认识。

注释：有人断言，神就像人一样，是由身体和精神组成的，受情感的支配。根据之前的论证，我们可以知道这些人对神的认识偏离客观事实有十万八千里之远，我们暂不加以评论。凡是对神的本质做过研究的人，都否认神是具有身体的。他们会举出有力的证据，来证明神是没有身体的：身体是有体积、长度、宽度和形状的。那么绝对无限的神的体积、长度、宽度和形状也将是无限的，而这根本无法解释。与此同时，这妄下结论的人又拿出了其他的证据来证明自已的观点：他们指出有形体的实体本身并没有神的特性，而这些实体是神所创造的。

但是神是凭什么创造出有形体的实体呢？他们自己也不知道。这说明他们事实上并不知道。

而我已经在论点六和论点八里面充分证明了我的观点：实体不是别的东西所能创造的。在论点十四里，我也证明了，除了神了之外，不能设想出任何其它的实体。为了进行详尽的论证，我将对反对者的论据进行逐条剖析、反驳。反对方的论据主要体现在以下几个方面：

首先，他们认为实体是由部分组成的，所以他们否定实体是无限的，进而，他们否认它属于神。对此，他们举了很多例子，在这里我们列举一二进行分析。如果他们说有形体的实体无限的，试将它分为两个部分，每个部分不是有限的就是无限的。如果部分是有限的，那么就是说一个无限的实体是由两个有限的部分组成的，这显然是荒唐的。如果部分是无限的，那么一个无限的实体是另一个无限实体的两倍大，这也是不对的。再者，如果一条无限长的线能够用尺寸加以衡量，那么它必定由无限多个部分组成，如果每个部分都以英寸进行量度，那么，一个无限的部分将是另一个无限部分的十二倍。最后，如果从一个点画出两条分离的线，假定是直线AB和直线AC，这两条线起初的长度是有限的，但最后慢慢延长，变成了无限长的直线，而两条直线之间的距离也越来越远。他们通常会假定体积是无限的，然后得出结论有形体的实体是有限的，进而得出这不是神的属性之一。

反对者第二个理由是从神的至高完美性推及而来的。他们认为，既然神是近乎万美的，那么它必定不会处于被动地位；但是有形体的实体，既然是可以分割的，所以是处于被动地位的。通过这种逻辑推出神不是有形体的实体。

以上这些就是我所知道的一些作家的观点，他们试图证明有形体的实体不配具有神的属性，所以有形体的实体也不属于神。但是，我想用心的读者应该已经能看出来，我其实已经对他们的谬论进行了辩证，因为他们所有的假设都是：有形体的实体是由部分构成的；但是根据论点十二可知，这种假设是荒诞的。其次，只要是稍作思考的人都能看出来，这些反对者所举的用以证明有形体的实体是有限的理由是不通的。所以如果有人坚持有形体的实体是有限的，那么就同坚持圆形和方形具有相同属性的人一样荒诞。因为他们为了证明有形体的实体是有限的，只能把必然无限的、唯一不可分的有形体的实体，认定为是有限的，由许多部分构成。

根据同样的逻辑，有些人断言线是由点构成的，当然能举出很多驳线条不能够被无限分割的理由。相比固体是由面构成、面是由线构成、线是由点构成的观点来说，断言有形体的实体是由部分构成的说法更为荒唐。凡是相信缜密推理的人，都应该承认这种观点，特别是那些否认存在真空的人。如果说有形体的实体真的能够被分割，那么为什么不可以从实体中分离一部分，而其他的部分仍然保留原样？为什么各个部分都紧密相连，而没有留出真空的间隙？如果各个事物能够截然分离，一个事物就能够不依赖其他事物而存在。但事实上各个部分互相相连，以致没有真空，所以说各个部分并没有真正地分离开。这就是说，有形体的实体是不能够被分割的，它不是由部分构成的。

如果有人继续问我问题：为什么我们都倾向于认为实体是可以分割的呢？我的回答是，因为通常我们是以下面两种方式来看待实体的：一种是抽象的、表面的，是我们的认识。如果我们按照想象来理解实体，那么我们会认为它是有限的、可分的、由部分组成。但是，如果我们用我们的认识去理解实体，我们去发现实体是无限的、无可分割的，就像我们前面论证的一样，但实际上我们很难做到。凡是能分辨认识和想象的不同之处的人，对这种解释应该是比较容易理解的。

我想我已经反驳了反对方的第二个理由了。事实上，他们犯了和第一个理由同样的错误：假设有形体的实体是可以分割的。即使这样，我也不明白为什么实体不配具有神的属性，因为根据论点十四，除了神之外，没有任何实体，也不能设想任何其他的实体。我反复强调，所有事物都存在于神之内，一切事物都依照神的无限的属性运行着。因此，我们不能说神受其他事物所支配，即使假定实体是可以分割的，只要我们承认它具有永恒性与无限性，我们就不能说有形体的实体不配具有神的属性。

论点十六：从神的本性的必然性推测出，属于无限认识范畴内的事物，都必定遵循无限数量和无限方式的道理。

论据：这个论点很容易证明，只要他知道：一个事物的定义能涉及它的很多特质，这些特质都是事物的真实写照，定义越接近事物的真实情况，从定义中认识到的知识就越多。根据概念界定第六点，神是一个绝对不受限制的实体，它由无限多的属性构成，而所有的属性都表现永恒无限的本质。

推论 1：由此可以推出，神是导致任何事物成为无限认识对象的直接原因。

推论 2：同样可以推出，神的存在也是因为自身的原因，而不是偶然因素。

推论 3：同样可以推出，神是绝对的第一因素。

论点十七：神按照自己的特性规律行动，不会受制于其他任何事物。

论据：我们在论点十六里指出，出于神性的必然性，无限多的事物以无限多的方式存在着。我们在论点十五里面也证明了，如果没有神，任何事物都将不存在，而所有的事物都存在于神之内。因此任何事物不可能存在于自身之外，因为存在于自身之外会受环境制约而影响行动。而神将按照自身的特性规律行动，不会受制于其他任何事物。

推论 1：除了神的完美特性外，没有任何内在的或是外在的原因迫使神采取行动。

推论 2：只有神是充分因素。因为只有神是依照自身的必然属性存在，按照自身的属性行动，所以神是自由的因素。

注释：有些人认为神是充分因素，是因为他们认为，神能够利用自身的特性支配某些事物的不出现。这就无异于说，神能够随意改变三角形的特征，三个内角之和不等于 180 度；这也等同于说神能够使原因不导致结果，而这是不合理的。不需借用此论点的理论，下面我们要证据神既没有认知，也没有意志。我知道，肯定有很多人认为他们能够证明神具有智慧和自由意志。他们会说，上天赋予了神我们自身所拥有的至高智慧。但是，虽然他们认为神具备至高的智慧，他们不相信神会在创造时把这些智慧贡献出来，因为他们认为神这样做的话，会削弱自身的能力，并且以后不能创造出更多的事物，这违背了神的万能性。因为，他们宁愿相信神对所有的事物都采取一视同仁的态度，他只创造由它自身的绝对意识决定的那些事物。

然而，我想，对于神的至高权力、无限特性已经做了足够多的阐述。一切事物都像三内角之和等于二直角的必然性一样，从永恒到永恒都以同等的必然性自神而出。所以神的万能性是永恒的，而且永远保持其活力。在我看来，这种关于神是万能的说法还不尽圆满。因为我们不得不承认，神虽然了解无限多事物，但是他不能将他所认识的都创造出来，不然按照上面的说法，神的万能性将会被穷尽，神牺牲了自身的完美性。所以，为了维护神的完美性，我们不得不说，虽然神的智慧无穷无尽，但是他不能创造他有能力创作的所有事物。在我看来，这是个最荒唐的假设，更是违背了神的万能性属性。

另外，如果智慧和意志是神的两个永恒属性，那么我们需要对神的这两个属性，与一般人所理解的智慧与意志加以区分，唯一相同的只是名字。这种区别就好像是天上的星座“犬”座与地上会叫的动物“犬”一样。关于这一点，证明如下：如果智慧属于神的一种属性，这种智慧与我们通常所想象的智慧从性质上说是不一样的。我们平时所说的智慧都是在对事物加以认识后产生的，或是与认识这个过程同时产生的。但是根据论点十六，神始于万物之前。反之，万物的真理和存在形式源于神的智慧。所以构成神的本质的智慧，事实上，是万物的起因：即使万物的本质，也是万物存在的原因。这点早就被已经认识到神的智慧、神的意志和权力其实是同一种东西的人所理解。因此，神的智慧是万物本质和存在的起因，人的智慧与神的智慧在本质和存在上都是不一样的。因为两者的前因后果不一样，结果是由原因导致的。

例如，一个人是另一个人存在的原因，但并不是另一个人存在的本质。因此，这两个人在本质上可能是相似的，但是他们在存在上并然是有区别的。如果他们中的一个人不复存在，另一个人的存在并不一定会影响。但是如果一个人的本质受到了破坏、或者变质，那么另外一个人的本质也将会受到破坏。因此，如果一个事物既是一个结果存在的原因、也是它的本质的原因，那么这个事物必定与这个结果的本质和存在都存在差别。现在神的智慧决定了我们智慧的本质和存在，因此神的智慧与人的智慧，在本质和存在上都绝无共同之处。关于神的意识问题，也可以遵循同样的逻辑推理加以分析。

论点十八：神是万物的内因，而不是短暂即逝的外因。

论据：根据论点十五，所有事物都存在于神之内，都是通过神被认知的，所以论点十六得出神是存在于神之内的事物的原因。这是我们的第一个观点。其次，根据论点十，除了神之外，不存在位于神之外的任何自在实体。这是我们的第二个观点。因此，神是万物的内因，而不是短暂短暂即逝的外因。

论点十九：神以及神所具备的所有属性都是永恒的。

论据：根据概念界定第六点，神是实体，根据论点十一，实体是必然存在的，按照论点七，本质包含存在。因此，根据论点八，神是永恒的。其次，根据概念界定第四点，神的属性表现出了神是实体的本质。在我看来，神的属性也是实体的属性。因此，神的各个属性必定也是永恒的，一切属性都是永恒的。

注释：我在论点十一里面用来论证神的存在的方式，对此论点也同样适用。在那个证明里曾提到神的存在就像它的本质一样，是永恒的。

论点二十：神的存在和本质是一体的。

论据：根据上一个论点，神的属性也具有永恒性，根据概念界定第八点，神的属性体现它的存在。因此表明神的永恒本质的属性，同时也表明了神的永恒存在的属性。换言之，构成神的本质的属性，也同时构成了神的存在的属性。因此，神的本质和存在是一体的。

推论1：由此推出神的存在，就像它的本质一样，是一个永恒的真理。

推论2：神的所有属性是不会改变的。因为属性是跟随存在的变化而改变的，同时也必须是随本质的变化而改变。而神的存在和本质如果变化了，从真理变成假相了，这显然是荒唐的。所以说神的所有属性是永恒不变的。

论点二十一：任何遵循神的绝对属性的事物必须是存在的，而且是无限的；换言之，这些事物是凭借这些属性而永恒和无限的。

论据：假设我们否定上面的论点，那么就是：凡是遵循神的绝对属性的事物，比如说，神的思想是有限的，并且它的存在受条件影响，有一定的期限。事实证明这不可能，这种假设是不成立的。因为思想作为神的一种属性而言，本质上是无限的。根据概念界定第二点，思想只有在被别的思想所控制时，才是有限的。但是，当思想构成神的观念时，这个思想就不会被别的思想所限制，因为如果构成神的观念的思想被限制了，那么神的观念也将变成有限的。所以凡是遵循神的绝对属性的事物必须是存在的，而且是无限的。这是我们要证明的第一点。

其次，凡是遵循神的绝对属性的事物必定是没有时限的。因为如果否认这种观点，那么就相当于说遵循神的属性的事物在某些时候是不存在的，或者将来不存在。但是思想作为神的属性之一，根据论点十一，是永恒不变的。因此，凡是遵循神的绝对属性的事物必定是永恒的。这是我们要证明的第二点。

论点二十二：任何遵循神的属性的事物的变形，也必然都是无限存在的。

论据：这个论点的论据与上一个论点的论据相似。

论点二十三：一切必然无限存在着的形式，或是遵循神的某些绝对属性，或是源自于某种必然无限存在的属性的变形。

论据：根据概念界定的五点，形式是通过其他实体来表现的，而不是通过实体自身；而根据论点十五，形式只存在于神之内，只能通过神被认识。因此，如果形式是必然无限存在的，那么它必然是通过神的某些属性体现出来的，而这些属性又是无限的、必然存在的，也就是永恒的。因此，一切形式，或是遵循神的某些绝对属性，或是源自于某种必然无限存在的属性的变形。

论点二十四：凡是神创造的事物本质上是不存在的。

论据：根据概念界定第一点，由自身因素导致的事物，它的本质包含它的存在。因为它是由自身的因素产生的，只依照自身的本质属性存在。

推论：由此可以推出神不是万物存在的唯一起源，神是使万物继续生存的原因，用一个哲学名词来说，神是促使万物存在的因素。因为无论事物是否存在，无论什么时候我们观察事物的本质，都会发现事物的本质实际上既不包含存在，也不包含时限。因此，神不是万物存在的起源。只有神自身的本质才包含存在。

论点二十五：神不仅是万物存在的有效动因，也是万物本质的原因。

论据：如果否定这个论点，那就是说神不是万物本质的原因，因此根据公理第四点，没有神，万物照样能被认识。但是根据论点十五，这是荒唐的。所以说神是万物本质的原因。

注释：根据论点十六，这个论点更容易理解一些。因为万物的本质和存在都必然遵循神的属性。简言之，就像神是自身存在的动因一样，神也是万物存在的原因。下面的推论能更清楚地解释这一点。

推论：各个单独的事物本身什么都不是，只是神的属性的变形，或者是神的属性以某种固定的方式表现出来的形式。根据论点十五和概念界定第五点，这很容易理解。

论点二十六：一个事物的行动如果受到一种特殊方式的影响，那么这个事物肯定也受神的控制。而没有受神控制的事物，也同样不能决定自己的行为。

论据：能以特殊的方式影响事物的东西，很明显必定具有能动性。根据论点十六和二十五，神本质上就是万物本质和存在的动因。这是我们要说明的第一点。第二个论据是由此推出的。因为如果一个事物没有受到神的控制，而且能够控制自身，那么我们的第一个观点就有误了，而这又是不可能的。

论点二十七：一个事物如果受神的控制，以一种特殊的方式采取行动，那么它不可能脱离它物而决定自身的行为。

论据：根据公理第三点，此论点显而易见。

论点二十八：任何有限的、其存在受外界影响的事物，在没有受到影响和外界有限动因的情况下，是无法存在的，也不能有所作为。而这个外界的有限动因自身的存在又必然受到其它有限原因的影响。以此类推，无穷无尽。

论据：根据论点二十六和二十四的推论，凡是被动的，存在和行动受它物影响的事物，都受到神的控制。但是，有限的、被动存在的事物，不可能是由神的任何绝对属性产生的。因为根据论点二十一，但凡遵循了神的属性的事物，必定都是无限的、永恒的。因此，有限的事物虽然不是由神创造的，但是也遵循神的某些属性，或者是属性的变形。因为实体和形式构成了存在，而形式仅仅是神的属性的变形。所以有限之物之所以能够存在、行动，必定是遵循了神的某些有限存在的属性的变形。这是第一点。同时，这种属性的变形又会受到其他有限的变动存在的原因的影响，以此类推，无穷无尽。

注释：由于某些事物必定是由神直接创造的，那些事物的主要属性遵循了神的绝对属性，如果没有神，它们的这些主要属性就不存在、也不能被认识。所以：1. 由神直接创造出来的事物，神绝对是它们的直接近因。因为，根据论点十五和论点二十四的推论，没有神，就没有存在、也不能被认识。2. 神不可能是事物的间接原因，除非是为了区分神的直接和间接产物。因为我们通常把间接原因理解为是与结果没有关系的。但是存在于神之内的、依赖神而存在的事物，一旦离开了神，就不复存在、不能被认识。

论点二十九：宇宙中没有任何事物的存在是偶然的，它们的存在都是有条件的，它们按照神的属性行动。

论据：根据论点十五可知，万物都存在于神之内。但是神本身的存在也并不是个偶然。因为，根据论点十一，神的存在具有必然性，不是偶然的。无论我们认为神的属性是绝对的，或是受外物控制而行动，神的属性的形式的存在也是必然的。神不是这些形式存在的唯一原因。但是如果这些形式不受神的控制，自身决定行动也是不可能的。相反，如果这些形式受到了神的影响，它们自身决定行动也是不可能的。因此，万物都是受到神的属性的影响，神不仅决定着它们的存在与否，也决定着它们的行动方式。因此，没有任何事物的存在是偶然的。

注释：在我们继续深究之前，我想解释一下“主动”和“被动”的涵义。我想在前面我也已经讲得很清楚了，主动是存在于自身、并且通过自身或永恒无限的实体的属性被认识。换言之，根据论点十四的推论一和论点十七的推论二，神是一个充分因素。从本性上说，被动就是得遵循神或是神的属性，也就是神的属性的所有形式，被动的事物被认为是存在于神之内，没有神，它们就无法存在、不能被认识。

论点三十：智慧，从功能上来说，无论是有限或是无限的，必须包含神的属性和神的各种变形，除此之外，无它。

论据：根据公理第六点，一个真实的观念必须与它的对象相符合。换言之，智慧中包含的真实观念在大自然中必须是存在的、被认识的。但是在大自然中，除了神、除了存在于神之内、没有神就不能被认识的变形外，没有其他的实体。因此，智慧，从功能上来说，无论是有限或是无限的，必须包含神的属性和神的各种变形。

论点三十一：智慧，从功能上来说，无论是有限或是无限，就像意志、欲望、爱情等一样，应该都具有被动性，而不是主动性。

论据：我们所说的智慧并不是绝对等同于思想，只能说是等同于一些特定形式的思想，与其他形式的思想存在不同。因此，根据概念界定第五点，智慧是需要通过绝对的思考后才能被认识的。根据论点十五和概念界定第六点，智慧必须是通过神的永恒无限的思想属性体现、被认识的。没有这些属性，智慧就不存在、也不能被认识。因此智慧应该是具有被动性，而不是主动性。同样，其他形式的思想也是被动的。

注释：我在这里说智慧，并不是说在潜能中的智慧。但是，为了避免造成迷惑，我想讲的只是我们十分明白的事物，而不是不知道的东西。因为，如果对事物没有任何知识，我们就根本理解不了。

论点三十二：意志不是一个充分因素，只是一个必要的因素。

论据：意志像智慧一样，只是思想的一种特殊形式；因此，根据论点二十八，意志没有受到自身之外的其他因素影响的话，就不能存在和行动。而其他因素又受到第三个因素的影响，如此类推至无穷。但是如果假设意志是无限的，那么它的存在和行为就必须受到神的影响。并非因为神是绝对无限的实体，而是因为神具有体现思想的永恒的无限的属性。因此，无论怎么样理解意志，有限的或是无限的，都需要有因素来影响它的存在和行为。因此，根据概念界定第七点，意志不是一个充分因素，只是一个必要的、受限因素。

推论 1：由此推出，神不是根据自由的意志采取行动的。

推论 2：意志和智慧与神的关系，与运动、静止等一切自然想象与神的关系是一样的，根据论点二十九，它们的存在和行为都受到神的影响。因为意志和静止一样，其存在和行为都受其他因素的影响。虽然当意志或智慧被认识之后，会产生一系列无限多的结果，但是这并不能表明，这些结果是因为按照自由的意志行动而产生的。

论点三十三：万物都以现有的方式和秩序存在着，神不可能创造出这种事物存在的其他方式和秩序。

论据：根据论点十六，万物都必然遵循神的属性。根据论点二十九，事物的存在和行为都受神的属性所控制。因此，如果事物具有不同的性质，或者是受不同的因素影响而有不同的行为，那么大自然的秩序就会不同，而神的性质与现有的也不一样。因此，根据论点十一，神会具有另外一种性质，结果是出现了两个或者更多不同的神。根据论点十四的推论，这是荒唐的。因此万物都以现有的方式和秩序存在着，神不可能创造出这种事物存在的其他方式和秩序。

注释 1：我已经解释得很明白，万物的存在都不是偶然的。现在我想简单解释一下偶然这个词的意思，但我会先解释一下“必要”和“不可能”这两个词。我们称一个事物是必要的，是从它的本质和存在的原因出发而言的。因为一个事物的存在必然遵循它的本质和定义、或是一个既定的有效原因。同样的道理，如果说一个事物是不可能的，也是指它的本质、或定义存在矛盾、或是没有产生这种结果的合理的外在动因。所以说一种事物是偶然的，只是因为我们的知识面不全、存在缺陷。对于我们所不知道的事物，我们就根本不会知道它的本质是否存在矛盾，或者是哪个方面存在冲突，我们对于它的存在情况处于茫然不知的状态，因为我们不知道该事物的因果关系，比如说，我们不知道一个事物，我们就会觉得它的存在既不是必要的，也不是不可能的。因此我们称此事物是“偶然的、可能的”。

注释2：根据我们前面讨论的，可知神创造出来的事物是最完美的，它们的各种属性也是最完美的。这不是说神存在着什么不完美之处，而正是神的完美性迫使我们相信它创造出来的事物也是完美的。这个论点的对立面就是，神不是最完美的，因为如果万物可以通过其它方式创造出来，那么可以说神也具有其他不同的性质，而这与神的绝对完美性存在分歧。

我相信很多人会觉得这很荒唐，不屑对此加以任何思考，因为他们习惯了赋予神一种与我们在概念界定第七点里面完全不同的自由。简言之，他们赋予神的是一种绝对自由的意志。然而，我相信这些人如果能对这个问题稍加思考，对我们的系列论点加以琢磨，就会否认他们现在赋予神的那种自由观念，因为这种观念不仅是没有价值的，还会对我们梳理知识起到妨碍作用。我想我没有必要再重复我在论点十七里说过的话。但是，为了给对我的观点持反对意见的人一个充分的交代和解释，我会进一步加以分析：尽管神的本质包含意志，我们只能说是由于神的完美性，神才不能以其他方式或秩序创造出万物来。这点很容易证明。其实只要我们对反对者的观点稍加思考，就能发现他们相信万物的存在只依赖神的意志和天命。否则，神就不是万物存在的原因了。其次，他们认为神的所有命令都是神在永恒不变中由自身下达的，否则，我们就会认为神是不完美的、不是永恒的。但是在永恒中并没有时间先后之分，因此神在其已下达的命令之外，并不能有其他的命令，这就是说神是在其命令之后存在的，神不能离开命令而存在。但是，有的人会说，假设神创造了另外一个不同的世界，或者下达了有关神的性质和秩序的新命令，那么它就会拥有与现在迥然不同的智慧和意志；但是如果赋予了神与现在不同的智慧和意志，而又不能改变它的本质或完美性，那么对于它之前已经创造出来的事物，什么东西能阻止它改变这些事物的命令呢？因为它的智慧和意志与它创造的事物的智慧、意志和秩序是一样的，只是事物被认识到了。

我拜读过的所有哲学家的作品都承认神的智慧是客观存在的，而不是潜在的，他们同样相信神的智慧、意志和本质是一致的，如果现实中神的智慧和意志是不同的，那么它的本质也是不同的，因此，我首先要下了个结论：如果神用与现有的不同的方式创造出事物，那么神的智慧、意志和它的本质必然都是不同的，这是荒唐的。

根据神的至高完美性理论，得知万物都以现有的存在方式和秩序运行着，神不可能另行创造，我们没有理由说服自己，神不愿意应用自己的智慧创造出像它所理解的那样完美的万物。

但是，有人认为，万物的存在无所谓完美或不完美；而万物完美或是不完美，也都由神的意志决定。所以，如果神想要把现在完美的事物变成不完美，或是反过来，神都能够做到。而这是很荒唐的。因此，我能用他们的论据来反驳他们：万物都是依赖神的力量存在着。如果万物的秩序与现存的不同，那么神的意志也将是不同的。但是我们之前已经论证得很清楚，神的意志是不可能会改变的，因为神具有完美性。因此，万物都不能改变。

有一个理论说，万物的命运都靠天意，它们的存在都依赖于神的命令。但是，我觉得这个理论的可靠性值得商榷。我更认同于这种理论：神的一切行为都是志在为善的；我觉得这种更接近现实，因为这种说法似乎考虑了一些超越神之外的东西，这些东西不依赖神而存在，神在这种情况下只是扮演着模范的作用、或是为着某个目标而努力。也就是说神也受命运的支配。显然，这种关于神的说法是荒唐的，因为我们已经证明了神是万物的存在和本质的充分要素。因此，我想我没有必要花时间反驳这种荒谬的理论。

论点三十四：神的力量和它的本质是一致的。

论据：根据论点十一和论点十六及其推论，神的本质是必然、唯一的，神是自身和其他万物的动因。因此神的力量即神自身和其他万物存在和行为的动因，是与神的本质相一致的。

论点三十五：我们认识到的所有神的力量所及的事物都是存在的。

论据：根据上面的论点得知，凡是在神的力量范围之内的事物，必定被包含于神的本质之中，所以必然是存在的。

论点三十六：任何存在的事物的结果都遵循它的性质而产生的。

论据：根据论点二十五及其推论，万物都是在一定条件下表现出神的属性或本质，而神的力量是万物的动因，所以根据论点十六，任何存在的事物的结果都遵循它的性质而产生的。

附录

我们在前面解释了神的性质和属性，我们说神是必然存在的，它只按照自身的属性采取行动，它是万物存在的充分要素，万物都存在于神之内，所以万物的存在都依赖于神，没有了神，万物都不复存在、也不能被认识。并且万物的命运是由神注定的，不是通过它的自由意志或是绝对命令，而是通过神的属性或是无限的力量。我在几处也偶尔批判了某些偏见，因为这些偏见会妨碍大家对我的论证的理解。但是，目前还是会存在一些严重的障碍，影响到我们对相互关联的事物的理解。因此，我觉得有必要用真理来考验这些错误的观点。

这些错误的观念来源于一些日常的观念：自然中的万物都像人一样，为着某个目的而行动。毫无疑问的是，神将万物指向一个有限的目标（因为俗话说，神创造了万物和人类。）因此，对于这个观点，我想问的第一点是，为什么如此多的人都赞成这个观点？为什么大家有赞成这个成见的倾向？第二，我想指出它的虚伪性。最后，我会告诉大家，这个成见是怎么引起大家对善与恶、对与错、表扬与责备、有序与混乱、漂亮与丑恶等的偏见。

然而，我在这里没有必要从人类的本性出发推翻这些谬论。在这里，我想从世人都认同的事实作为出发点就可以足够了，那就是：人类生来就不知道到万物的起因，因此，大家都想寻求对他们有用的东西，而且大家的意识里都有这种欲望。因此，可以得知，第一：人类认为他们是自由的，因为他们有自己的意志和欲望；但是对于为什么会有意志和欲望，他们却一无所知，甚至在梦里都没有想过；第二：人类做任何事情都抱着某个目的，那个所谓的目的就是对他们有用的东西。因此，人类所做的任何事情都只是在寻找事情的最终原因，一旦他们了解清楚后，他们就满足了，不再有深度研究的欲望。如果他们没法通过外部资源了解到这些原因，就只能迫使自己揣摩，进行换位思考，以自己平时做事情的目的来猜测其他事情的原因。同时，他们会发现自身和外界的许多事物，都可以是别人用来达到目的的工具，例如：眼睛可以观察、嘴巴可以咀嚼、动植物可以制作成食物、太阳带来光明、大海哺育了鱼类，等等。他们将整个大自然都看成自己便利的来源。现在他们意识到了，这些便利的事物不是他们自己制造出来的，是别人制造出来给他们使用的。当他们把事物看作是工具时，他们不相信这些事物是自己产生的，但是，通过对比自己为达到某个目的而使用的方法时，他们确信，宇宙中肯定是存在着一个或者数个主宰人类自由的人，这个主宰者为人类安排好了一些需要使用的事物。他们必然会根据自身的性质，来推测这个主宰者的性质，因此，他们断言是神创造出了人类使用的万物。于是他们必然会根据他们的性质来推测主宰者的性质，因为他们对这些主宰者毫无了解，随后他们得出结论说，神为了使人类崇拜他，创造了万物供人类使用。因此人类都竭尽自己的所能，用各自不同的方式媚祀神，以为这样神就会偏爱自己一些，用自然界的资源满足自己盲目的、无止境的欲望和贪心。后来，这种偏见逐渐发展成为了迷信，并在人类的心里生根落地，越陷越深。这也就是人类充满激情地、努力探究万物根源的动力。但是人类需要明白的是，自然界固然给人类带来了许多有利的事物，但是我们也不难发现一些对人类有害的事情，比如说暴风雨、地震、疾病等。但是他们认为这是因为人类做错了什么事情、或是亵渎了神，神生气了，因此人类遭受了神的惩罚。但是我们的日常生活经验告诉我们，我们能举出很多的例子，来反驳上面那种观点，好运气和坏运气与是否信奉神并没有关系。但是很多愚昧的人依然无法摒弃他们顽固不化的偏见，因为对于他们来说，把现实中矛盾的事情归因于一些未知的事情，会比较容易一些。这样他们就可以保持着自己固有的愚昧无知状态，无需打破他们原有的思维模式，经过一番痛苦的思想挣扎后，重新构思。因此他们就确立了一条公理：神的判断远远超越了人类的理解范畴。如果没有数学知识加以解释，这样的教条或许能足以使人类相信长生不老之说。因为数学只考虑数字的本质和属性，并不关心原因。在此我需要提一下，除了数学之外，还有其他的因素可以指引人类认识到偏见，从而引导他们去认识事物的真相。

至此，我已经充分阐释了我的第一个观点。没有必要再进行冗长的叙述，我们已经认识到大自然本身并没有特别的目标，所谓的最终起源都只是人类的虚幻思维。我想对此，无论是从这种偏见的起源和基础来说，还是从论点十六和论点三十二的推论来说，还是从我所指出的自然界中万物存在的必然性和完美性出发，都已经有足够的论据加以证明。但是，为了彻底推翻这种目的论教条，我还是想补充几句。因为这种说法因果颠倒：把本质上是原因的事物，当成了结果；把最完美的事物，当作是最不万美的事物。暂且不去讨论原因和结果问题，因为这很明显。根据论点二十一、二十二和二十三，可知神所创造的事物是最完美的，而由多个原因引起的结果往往是相对不完美一些。但是如果神所创造的事物，是为了执行神的某个目的；后来创造出来的事物，是为了服务于先前的事物，所以后来创造的事物必然是最优的。

其次，这个教条与神的完美论相悖而驰：因为，如果神为了达到某个目的而采取的行动，它必然想得到它所缺的事物。虽然神学家和形而上学派对需要的对象和同化的对象进行了区分，他们仍然承认神是为了自己才创造所有的事物，而不是为了创造而创造。所以万物创造出来之前，除了神自身之外，他们不知道任何其它的东西，可以作为神创造事物的原因。因此，他们不得不承认，神为了得到自己欲求的事物，必然需要先创造出得到这种事物的工具。

此外，我们不能忽视这种教条的拥护者们，他们费尽心机想证明事物的最初起源。在此，我们将引用一种新的辩证法来反驳他们的观点，这种辩证法不用完全否认他们的观点，但是却能使他们无法证明他们的教条。例如：如果有一块石头从屋顶掉下来，砸到了某个人的头，那个人因此死了，那么按照他们的观点，他们需要证明是有人想用石头杀了这个人。因为如果不是基于神的意志，怎么可能有这么多偶然的巧合？或许你会说，这个事情的原因是刮大风，而这个人刚好经过了那个地方。但是他们会追问，“为什么会刮大风？为什么那个人刚好在那个时刻经过哪里？”你或许会说，风是由于昨天此前海上的大风浪引起的，而此前的天气一直很晴朗，那个人受朋友之邀。他们会继续问道，“但是为什么海上会起风浪？那个人的朋友为什么在那个时间邀请他过去？”他们会无止境地追问下去，以致你最后不得不用神的意志来回答，也就是说，神的意志是所有无知的庇护所。同样的，当他们探讨人体的构造时，他们会很惊讶，身体的各个部分不会相互妨碍，他们只能将此巨大的艺术品归因于神或者是超自然的技术的杰作。

因此，如果有人想寻找奇迹的真正原因，试图将自然现象理解为人类的智慧，那么难免会被信奉神和天意的人当作是笨蛋。因为他们深知这些愚昧的人一经揭穿，所有的惊讶就会随之消失，愚昧的人们唯一用来论证和维护尊严的论据就被识破了。此问题就说到这里为止了，开始谈论我的第三个观点。

只要人们相信万物都是为人类存在的，他们就自然会注重万物中对人类最有价值的部分，从而，他们对自然界中的万物有了抽象的概念解释，比如善、恶、有条不紊、紊乱、温暖、寒冷、美丽、畸形等等。又因为大家相信人类是自由的，便产生了表扬、责备、功劳、罪恶等。关于后者我想在谈到人类的本性的时候再讨论，在此，我想对前者进行简单解释。人们对于有助于健康和神的尊严的事物称作是善，所有阻碍这些目的达成的事物称之为恶。那些对万物的性质不了解的人，对于事物的现象缺乏理性的理解，他们只能勉强想象，把事物的表象当作是实质。这样的人坚定不移地相信万物中存在秩序，他们不理会事物及其性质。遇到这种现象时，事物不需要我们过多的想象，就能记住，我们称之为有条不紊；如果反过来，我们就称之为紊乱。其次，比较容易想象的事物更能引起我们的快感，人类喜欢有秩序，不喜欢紊乱，好像事物自身就有秩序，与我们的想象无关。他们还说，神创造了万物，并使它们有条不紊，因此，他们就认为神也有想象；神为了人类便于想象，特意把万物都创造得井井有条。如果他们相信这种理论，或许他们都被现实中无数的现象吓倒，这些现象都超越了我们的想象，还有很多现象使我们觉得自己的想象力是如此微弱。但是我们在这个话题上已经说了很多了。至于其他的一些抽象的概念，也只是想象的不同表现方式而已。虽然一些无知的人把这些抽象的概念看作是事物的重要属性，他们同时也认为万物是为人类存在的，所以他们对于事物的评判，也以他们对事物的感受为标准：如善恶、健康、不道德。比如说，某个行为是有利于健康的，这个行为反射到我们的神经里后，我们就会把它归之为漂亮的；如果这个行为刚好相反，不利于健康，那么我们就称之为丑陋的。通过我们的嗅觉系统，我们能闻到香味或是臭味；通过味觉系统，我们能品尝到甜味或是苦味、比较重的口味、清淡的口味；通过触觉系统，我们感受到坚硬或是柔软、粗糙或是光滑等。通过我们的听觉，我们能听到噪声、声音或和声。关于和声，有人很愚蠢，甚至觉得神自己也喜欢听和声。不少哲学家也相信天体的运动能产生和声。这说明每个人都是依照他的大脑的思维对事物加以判断，或是把对事物的表象认作是事物本身。由此我们可以看出，人们意见有分歧，最后陷入了怀疑论，而这也并不奇怪：因为，人体固然有很多相似之处，但是人体间不同的地方也很多。因此，有些事情在有些人看来是好事，而另一个人却认为是坏事；在一个人看来很有秩序的事情，其他人却可能觉得是混乱的；一个人看来是高兴的事情，却是使其他人悲哀的事情；等等。这样的事情很多，而且也很容易理解，所以我想在这里没有必要一一枚举。俗话说，“人心不同，各如其面”“每个人都有自己的一套想法”“每个人的大脑就像味觉一样各有差异”。上面的谚语表明，人类是根据他们的心理倾向来判断事物的，想象多于理解。因为，如果他们真正理解了某个现象的话，他们应该就像信服数学证明一样，虽然不感兴趣，也信服我们上述的论证。

我们现在已经知道，大多数关于大自然的解释都停留在表象层面，不能揭示自然的真正本质。虽然这些观念有自己的称谓，好像是一个实体，远离了表象层面，但是我觉得那只是想象中的实体，并不是真实存在的，因此，用这样抽象的论据来反驳我们的观点，显然是站不住脚的。许多人都以这种方式进行辩论：如果万物都遵循神的绝对完美性，那么为什么大自然中会有如此多的不完美呢？比如说，各种臭名昭著的腐败案件、令人憎恶的人、浑论、罪恶等。但是我已经说过，这些辩驳的人的观点很容易推翻，因为万物的完美与否，是事物自身的性质和力量决定的，不是根据人类的心情和感觉而定的，也不是根据此事物是否对人类有用处而定的。有些人问，神所创造的人类，为什么不是只服从于理性思维？我只好这么回答：因为神不缺乏创造各个级别的完美事物的素材，更严谨地说，是因为神本质上的法则是如此广泛，根据论点十六，神具有无限的智慧，他能创造出他能想到的任何事物。

以上这些就是我想澄清的偏见，如果还存在着类似的成见，任何人只要稍加思考，都能容易地加以反驳。

第二部分　思维的性质和起源

序言

现在开始，我想谈谈遵循了神的本质、或是永恒的无限存在的事物获得的结果，当然不是所有的事物，而是那些能够指引我们去认识人类思维及其幸福的事物。

概念界定

物体，是指通过某种特定的方式体现了神的本质的形式，但前提是，神被当作是一种具有扩展性的事物。（参照第一部分，论点二十五。）

一个物体的本质，是指有这个本质，这个物体就是存在的；如果没有了本质，此物体也就消失了。换言之，如果一个物体没有了本质，就既不存在、也不能被认识；而如果这个物体不存在，本质、存在和认识也无从谈起。

观念，是指由思维形成的精神上的概念。（注释：我说的是概念，而不是感知，因为感知这个词似乎暗示思维相对于对象来说是被动的，而概念这个词则体现了思维的主动性。）

一个充分的观念，是指撇开对象、作为观念自身而言，具备一个正确的观念的所有属性和内在特征。（注释：我说内在的，是为了排除一些外在的特征，即观念与对象相符的一些特征。）

存续期是指事物存在的不确定期限。（注释：我说不确定，因为事物无法决定自身的存在，也没有其他的充分要素能确保事物的存在或者消失。）

真实和完美，我理解为是同义词。

我所谓的特殊事物，是指有限存在的事物。如果许多不同个体的共同行为成为某个结果的原因，那么我把这些事物的总体称作为是一个特殊事物。

公理

人类的本质不是必然包括存在，这就是说，依照大自然的规则，人类的存在与否都有可能发生。

人类是有思想的。

思想的形式，如爱情、欲望或是其他的情感。如果一个人没有爱情、欲望的对象，对这个对象也没有观念，那么思想的形式也不存在了。但是即使思想的形式不存在，观念也仍然可能存在。

我们感知到，一个特定的物体（或人体）受到许多不同方式的影响。

除了人体和思想的形式外，我们不能感知到任何的特殊事物。

论点

论点一：思想是神所具备的一种属性，或者说，神是一种会思考的事物。

论据：根据第一部分的论点二十五可知，特别的思想是通过某种特定的方式体现了神的性质。因此，神也具备这种属性，思想是神的无限属性中的其中一个，思想体现了神的永恒性和无限性本质。换言之，神是一种会思考的事物。

注释：这个论点也可以通过一个事实在证明，那就是我们能设想一个无限的会思考的事物的存在。因为，一个会思考的人所想的事情越多，我们就会认为他更真实、更完美。因此，如果一个客观存在的人能通过无限多的方式思考无限多的事物，那么从思想的角度来说，他是无限的。所以，如果只考虑思想这个维度，我们形成了无限存在这个概念。根据第一部分概念界定第四点和第六点，可知，思想必然是神所具备的无限属性之一，这也正是我们想要证明的论点。

论点二：扩展性是神所具备的属性之一，或者说神是一个能扩展的事物。

论据：此论点的论据与论点一相似。

论点三：在神之内，必然存在一些观念，这些观念不仅包括它的本质，还包括遵循它的本质而产生的万物。

论据：根据本部分的论点一可知，神可以通过无限多的方式思考无限多的事物，或者说，神能够形成对它自身本质和遵循它的本质而生的万物的观念。所以，万物都必然在神的掌控之中，我们所谈论的这种观念，只能是存在于神之内。

注释：绝大多数的人都认为，神可以通过自由的意志掌控存在的万物，而万物的存在通常被认为是偶然的。因为大家认为神有毁坏万物的能力，甚至是将其化为乌有。其次，神的权力又通常与国王的权力联系在一起。但是我们已经在第一部分论点三十二的推理一和推理二里面反驳了此谬论。我们也在第一部分论点十六中指出，神是通过自身的决定来行动的。也就是说，就像我们公认的一样，神了解自己是通过神的天生属性来行动的，神通过无限多的方式实现无限多的行为。在第一部分论点三十四中，我们又指出过，神的权力与神的行为本性是一致的，因此，就像我们无法设想神不存在一样，我们也无法设想神是无所作为的。如果我们深究这个话题的话，我想说的是，神不仅具备我们通常认为掌控人类的权力，而且神也像人类一样，也有软弱无能的一面。但是，对此话题，我不想再多说。我只想恳求读者，能够不时地对我在第一部分里面所说的加以温习。如果读者不够细心，不能把神的权力与人类和国王所拥有的权力加以区别，那么就不能正确理解我所说的观点。

论点四：神在无限多的方式下，对无限多的事物的观念是唯一的。

论据：根据第一部分论点三十，无限的智慧中只包括神的属性和它的变形，除此之外无他。

但是根据第一部分论点十四的推理一，神是唯一的。因此，神在无限多的方式下，对无限多的事物的观念也是唯一的。

论点五：神是观念客观存在的原因，前提是撇开神的其他属性，把神当作一个会思考的事物。也就是说，如果承认神是一个会思考事物，那么神的属性和特殊事物的观念的充分因素，并不是来源于他们的对象或者是感知到的事物。

论据：根据本部分的论点三，可知此论点。我们在论点三中得出结论：神能形成对自身、及遵从神的本质的万物的观念，只因为神是一个会思考的事物，而不是因为他自身就是自己观念的对象。因此，只要承认神是一个会思考的事物，神就是观念客观存在的原因。或者也能通过一种不同的方式来证明：客观存在的观念，很明显是思想的一种形式，这种形式以特定的方式体现了神的特性，只是因为神是一个会思考的事物，而不是因为神的其他属性。因此，神是观念客观存在的原因，前提是撇开神的其它属性，把神当作一个会思考的事物。

论点六：任何属性的表现形式是由神决定的，前提是神是通过这些形式所隶属的属性体现的，而不是通过其他的属性来体现的。

论据：根据第一部分论点十一，任何属性都是通过自身来体现的，而不是凭借他物，因此任何属性的表现形式都包含属性的概念，但不涉及其他的概念。因此，根据第一部分公理第四点，任何属性的表现形式是由神决定的，前提是神是通过这些形式所隶属的属性体现的，而不是通过其他的属性来体现的。

推论：因此任何客观存在的事物，如果不是思想的表现形式，那么它就不遵循神的特性，因为神的特性是先于万物存在的。如果一个事物是由一定的观念体现的，并且是来源于他们特殊的属性，那么与观念一样，此事物也遵循思想的属性。

论点七：观念的秩序和联系，与万物的秩序和联系是一致的。

论据：根据第一部分公理第四点，此论点很明显。因为有原因的事物的观念，要依靠对它原因的认识，而这一事物就是它的原因的结果。

推论：由此推出，神的思维能力与行动能力是对等的，也就是说，任何遵循神的无限特质的事物，在秩序上和联系上也必然遵循神对世界的观念。

注释：在继续讨论之前，我想提醒大家之前探讨过的一些东西，凡是能被无限的智慧认定是构成实体本质的事物，只属于一个实体：因此，实体的思维和实体的外延是同一个实体，只是有时是通过这个属性体现，有时又通过其他的属性体现罢了。同样，外延的表现形式和观念的表现形式，虽然通过两种方式体现，但事实上是同一个东西。希伯来人似乎对这个事实早有微弱的认识，他们坚持说：神、神的智慧和神所理解的事物是同一个东西。例如，自然界中对圆的认识，与神对圆的认识，是同一个东西，只是通过两种不同的属性体现罢了。因此，我们无论是通过外延的属性，还是通过思维的属性，抑或是通过其他的属性来感知自然界，我们会发现同样的秩序和因果关系，换言之，通过不同的方式认识到的其实是同一种事物。

我说过神是一个观念产生的动因。比如说，如果承认神是一个有思维的事物，那么神是圆这个观念产生的原因；如果承认神是一个能扩展的事物，那么神是圆产生的原因；因为圆这个观念的存在，是通过别的思维形式体现的，而这个思维形式也需要通过其他的形式来体现，以此类推，以至无穷。因此，只要我们把事物当作是思维的表现形式，我们必须通过思维的属性来解释整个自然界的秩序和因果关系。同时，只要我们把事物当作是外延的表现形式，我们必须通过外延的属性来解释整个自然界的秩序；其他的属性也是如此。因此就像神是自身存在的原因一样，神具有无限多的属性。在这里，我就不对我的观点多作解释了。

论点八：就如同特殊事物或表现形式的本质，存在于神的属性之中一样。不存在的特殊事物的观念、或是表现形式，必然存在于神的无限观念之中。

论据：根据上一个论点可证明此论点；通过上个论点的注释能更清晰地理解此论点。

推论：由此可知，只要特殊的事物是不存在的，存在于神的属性之中的除外，那么它们的思维或观念也是不存在的，存在于神的无限观念中的除外。当我们说某特殊事物是存在的时候，我们不仅说它们存在于神的属性之中，而且它们具有延展性，它们的观念中包含存在。

注释：如果有人想用一个例子来更好地理解这个问题，我恐怕还真给不了他一个能够充分解释我所说的意思的独特例子。然而，我会尽力阐述清楚。圆有这么一个特征：如果数条直线在圆内相切，那么由此形成的各个角都是相等的，都是直角，所以，一个圆内包含无限多的直角。但前提是，这个圆是存在的，不然这些直角也就不存在，直角这个概念也不存在。因为如果圆的观念中不包括直角，那么这些直角也就不存在。我们试想在无限多的直角里面，只存在两个角，因为这两个角存在于圆的观念之中，便有别于他的直角观念了。

论点九：客观存在的个体的观念是由神导致的，不是因为神的无限性，而是因为神受到其他客观存在的观念或事物的影响，而神自身就是此观念或事物的动因。

论据：客观存在的个体的观念是思维的一种表现形式，与其他的表现形式有区别。就神具有思维能力、神受到其他形式的思想的影响而言，而不是说神是一个能绝对思考的事物，根据此部分论点六，可知这种观念是由神导致的。根据此部分论点七可知，观念的秩序和联系与因果的秩序和联系是同一的。因此，每一个观念都以另外的观念为原因，神是第二个观念的动因，而神又受到其他观念的影响，依此类推，以至无穷。

推论：观念的个体对象无论发生了什么变化，只要神对这个对象有所认识，那么与此对象相关的所有知识都存在于神之中。

论据：根据此部分的论点三可知，观念的对象无论发生了什么，这些观念都是存在于神内的，不是因为神是无限的，而是因为神受到其他个体的观念影响；根据此部分论点七可知，观念的秩序和联系与事物的秩序和联系是一致的。因此，任何个体对象发生的变化，都存在于神内，前提是神具有对此对象的观念。

论点十：实体的存在与人类的本质没有关联，换言之，实体中不包括客观存在的人类。

论据：根据第一部分论点七可知，实体的存在必然包括存在。因此，如果实体的存在与人类的本质有关，那么如果承认了实体的存在，根据此部分概念界定第二点，人也必然存在。而根据此部分公理第一点，人必然存在是荒唐的。

注释：根据第一部分论点五，世界上不存在两个性质相同的实体，此论点得到论证。因为许多人可以同时存在，所以构成人类存在的并不是实体的存在。此论点也可以从实体的其他属性中得到论证：实体在本质上是无限的、永恒的、不可分割的等等。任何人都能明白，人类并不具备上述属性。

推论：由此可知，人类的本质是由神的某些属性的变形构成的。根据上一个论点，实体的存在不包括人类的存在。根据第一部分论点十五可知，本质是存在于神之内的东西，离开了神就不能被认识到。根据第一部分论点二十五的推论可知，人的本质是通过特定的方式体现了神的变形或是表现形式。

注释：所有的人都不得不承认，如果没有神，任何事物都不能被认识。大家都认同神是万物存在和本质的唯一动因；也就是说，神不仅仅是万物诞生的原因，也是万物存在的原因。

同时，很多人坚持说，一个物体无论是否能被感知到，这个物体都从属于他的本质，因此，他们认为：神的本性属于它创造的事物的本质；或者，离开了神，他所创造的事物就不能被认识；或者……其实确切地说，他们对神并没有一个确定的理解。我想他们对神的困惑，主要是因为他们没有遵循正确的哲学思维次序。根据知识的逻辑顺序和事物的次序来说，神的本性应该是最先应该考虑的，而他们却把它放到最后来考虑，把感知的对象放在最先来考虑。因此，当他们考虑自然现象时，根据不考虑神的性质；而当他们后来又开始研究神的性质时，他们又不考虑形成自然现象知识的最初假设，他们以为这些假设对他们了解神的本性没有任何帮助。所以，这些人经常陷入自相矛盾的境地，实在不足为怪。

在此我暂且抛开这一点。我只想说明我抛开这一点不说的原因：一个物体无论是否能被感知到，这个物体都从属于它的本质；离开了神，个体就不能被认识，但是，神并不从属于这些个体的本质。所以我认为：一个事物如果有本质，那么此物必然存在；如果事物没有了本质，此物也就不存在了；也就是说，没有本质的物体既不存在，也不能被认识。

论点十一：构成人类思维的客观存在的第一要素，是某些客观存在的特殊事物的观念。

论据：根据上一个论点的推论和此部分公理第二点可知，人类的本质是由神的一些特定属性的形式构成的。根据此部分公理第三点可知，在思维的各种表现形式中，从本性上来说，观念是最先产生的；当一个观念已经产生后，思维的其它表现形式也随之在同一个个体中产生。因此，观念是构成人类思维的第一要素，但必须是针对一个客观存在的有限事物的观念。因为根据此部分论点八的推论可知，如果一个事物是不存在的，那么它也没有观念。因为如果是一个无限的事物，根据第一部分论点二十一和二十二，无限的事物总是必然存在的，而根据此部分公理一可知，这是荒唐的。因此构成人类思维的客观存在的第一要素，是某些客观存在的特殊事物的观念。

推论：由此推知，人类的思维是神无限智慧中的一部分，因此，当我们说，人的思维感知到了这些或那些东西时，我们其实是在说，神有这种或者那种观念，不是因为神的无限性，而是因为本质上，神是通过人类的思维体现的，神构成了人类思维的本质。当我们说神具备这样或者那样的观念时，不仅仅是因为神构成了人类思维的本质，而且与此同时，神与人类的思维，还对其他的事物有更深层次的观念，所以我们说，人类的思维只是感知到事物的一部分。

注释：读者到此，不免会想起一些事情，使他们犹豫着是否要继续往下看。因此，我请求读者跟随我的节奏，慢慢地、一步一步地往下读，没有读到最后，不要妄下结论。

论点十二：构成人类思维的观念的对象，无论发生了什么变化，必然能被人类的思维感知到，或者是人类的思维中对这个变化必然有观念认识。也就是说，如果构成人类思维的观念的对象是人体，那么这个人体里无论发生什么变化，人类的思维都能够觉察到。

论据：根据此部分论点九的推论可知，观念的对象无论发生了什么变化，神必然能认知到这种变化。因为根据此部分论点十一，神受到此对象的观念的影响，神构成了万物的思维。因此，构成人类思维的观念的对象，无论发生了什么变化，神都必然能知道，因为神在本质上构成了人类的思维；思维中存在着对象变化的知识，也就是说，思维能感知到对象的任何变化。

注释：此论点很容易证明，参照此部分论点七，能更清晰地加以理解。

论点十三：构成人类思维的观念的对象是人体，或是以特定方式客观存在的物体的外延，而不是其他东西。

论据：假如人体不是人类思维的对象，那么根据此部分论点九的推论，有关人体的观念的任何变化，神作为构成我们思维的事物而言，都不能感知到这种变化。而就神构成其他事物的思维而言，根据此部分论点十一的推论可知，有关人体的观念的任何变化，我们都觉察不到。而根据此部分公理第四点可知，我们确实能感知到有关人体的任何观念的变化。因此，构成人类思维的观念的对象是人体，根据此部分论点十一，这个人体应该是客观存在的。其次，如果除人体之外的其他对象构成了思维的观念，根据第一部分论点三十六，那么在我们的思维中，必然存在一个由此对象产生的结果的观念。但是根据此部分公理第五点可知，并不存在这样的观念。因此，构成人类思维的对象是客观存在的人体，而不是别的东西。

论据：由此，我们不仅理解了人类的思维与人体是合为一体的，而且也知道了思维和人体是如何统一的。然而，没有人能够完全掌握这种统一性，除非他对我们人体的性质有足够的了解。我们在此所论证的论点，是针对一切事物而言的，包括人体和其它的事物。因为万物都存在于神的观念之中，神是它们存在的动因，同样的，人体里面也存在着观念。因此，我们所说的有关人体的任何观念，必然也适用于其他事物。从另外一方面来说，我们无法否认，观念与对象一样，每个都是不同的，它们之间有优与劣、真实与虚伪的差别。

因此，为了弄清人类的思维与其他事物的差别，人类的思维比别的事物好在什么地方，我们有必要了解人类思维的对象的性质，也就是人体。在此，我不能给大家解释人类的人体有什么性质，这与我的观点论证也没有太多联系，所以我觉得没有必要在此加以解释。我在此只想作一个简要的阐述：某个人体相比另一个人体，在同一时刻能做更多的动作、接收更多的事物；思维也是如此，对于同一个对象，某个思维能比另一个思维在同样的时间里，感知更多的东西。如果某个动作对自身的依赖越大，对其他的人体需求就越少，思维中对此对象的理解也就更清晰。我们或许能通过这样的方式，来区别哪个思维更优秀，从而进一步探究清楚为什么我们对自身的身体的认识是如此迷惑，及一些类似的问题。我们在下面的论证中，会引出这些问题。因此，我觉得很值得把上面的东西进行详细的解释，在此，我必须对人体的一些性质略加说明。

公理一：万物要么处于运动状态、要么处于静止状态。

公理二：每个物体，有时候运行得慢，有时候运行得快。

辅助定理一：通过运动与静止、快与慢对物体加以区别，而不是凭借是否为实体加以区分。

论据：我想此定理的前半部分，是很明白的。根据第一部分论点五和八，物体不能凭借是否为实体加以区分，这一点也就明白了。根据第一部分论点十五的注释，此观点更加明了。

辅助定理二：一切物体之间，必然存在着某些相同的方面。

论据：根据此部分的概念界定第一点，万物有相同之处，是因为它们彼此都包含一个相同的概念和属性。此外，物体之间的相同点，可能还有动或静、绝对的运动或绝对的静止。

辅助定理三：一个物体的运动或是静止，必然是由其他的物体引起的，而其他物体的运动或静止也是由第三个物体引起的，以此类推，以至无穷。

论据：根据此部分概念界定第一点，物体都是单独存在的事物，根据辅助定理一，各个物体之间是通过运动或静止加以区别的；因此根据第一部分论点二十八，每个物体的运动或静止是由其他的个体导致的；根据此部分论点六，其他的个体也是处于运动或静止状态，而这个个体又受到第三个个体的影响，处于运动或静止状态，以此类推，以至无穷。

推论：由此可知，一个运动着的物体，如果没有受到其他物体的影响，会永远运动下去，不会静止下来；同样，一个静止的物体也如此，直到有其他物体的作用才会运动起来。这个很容易理解。例如，假设有一个特定的物体 A 处于静止状态，不考虑其他的运动着的物体，那么对于物体 A，不能说别的，只能说它是静止的。如果 A 是运动的，其运动的状态也不是由静止导致的，因为一个静止的物体，除了保持静止状态外，不能产生别的。如果反过来，这个假定的物体是处于运动状态的，那么就考虑 A 个体而言，我们除了说它是运动的外，不能断言任何东西。如果最终发现 A 是静止的，这肯定不是它之前的运动的结果，因为运动只能导致持续的运动。因此静止的状态是外界的其他的物体导致的，与 A 无关。

公理一：一个物体的形式受到另一个物体的影响，那么这个物体的形式将同时遵循受影响的物体和影响物的性质。所以同一个物体可能有不同的运动形式；不同的物体受同一个物体的影响时，会产生不同的运动形式。

公理二：如果一个运动着的物体，撞击了某个静止的物体，那么运动的物体就会被反弹回来，继续保持运动的状态。此运动物体被反弹回来的路线与静止物体形成的平面的角度，和运动物体撞击静止物体的路线与同一个平面所形成的角度相等。

以上我们所说的是物体的最简单的物体，只是通过运动或静止、快或慢来区分物体。现在开始我们要讨论一些比较复杂的物体。

概念界定：当一些相同的或是不同体积的物体，被迫挤压在一起时；或是以相同或不同速率运动着，依照一定的速率比例保持运动时；我们说这些物体是个共同体，它们一起组成了一个物体或个体，与其他的共同体相区别开来。

公理三：根据个体或者共同体各组成部分的紧密程度的不同，物体各部分的位置改变难度也会有差异。因此，促使个体的形状改变的难度也会不同。物体的各组成部分之间的间隙较小的，称为坚硬的；物体的各组成部分之间的间隙较大的，称为柔软的；物体的各个组成部分能够相互流转的，称为流动的。

辅助定理四：如果一个物体或个体是由许多物体构成的，某些物体从中分离开来，同时，与分离出来的物体数量、性质相同的物体替代它们后，此个体的性质和现状将保持不变。

论据：根据辅助定理一可知，物体不是凭借是否为实体来区分的：构成个体现状的是一个由很多物体组成的共同体，虽然这个共同体内的物体会不断地变化，但根据我们的假设前提，此个体的性质和形式仍然保持不变。

辅助定理五：如果构成个体的各个部分按比例变大或变小了，而且彼此之间保持原有的运动和静止比例，那么此个体的性质和形式将保持不变。

论据：与上一个辅助定理的证明同理。

辅助定理六：如果构成个体的某些物体被迫转变了运动方向，但是它们彼此之间的运动和相互联系保持不变的话，此个体的性质和形式将保持不变。

论据：此定理很容易理解，因为个体是被假定为能保持定义中的形式的一切事物。

辅助定理七：其次，这样构成的个体，无论是整体，还是运动或是静止，抑或是往这个或那个方向运动而言，只要各个部分是保持运动的，并且与其他的部分保持原先的运动传达，那么此个体的性质和形状将保持不变。

论据：根据辅助定理四的界定，此论点很明了。

注释：现在我们知道了，一个复合的共同体可能受到不同方式的影响，但却能保持其性质不变。到目前为止，我们是凭借运动或静止、快与慢来区分各个复合共同体，也就是最简单的物体的概念。然而，我们试着考察另外一种个体，它是由许多具有多样化性质的物体所组成的，它保持自身性质不受影响的方式相对更多。因为此个体的各个组成部分又是由许多物体组成的，为了保持其性质不变，各个组成部分不得不以较快、或较慢的速度向其他部分进行运动传递。如果我们进而构想出第三种个体，这种个体是由第二种个体构成的，我们会发现第三种个体维持性质不改变的方式要更多更多。以此类推，以至无穷，最终把整个自然界当作一个个体，一个由万物组成的个体，它能通过无限多种方式保持自身整体的性质不变。如果我们要写一本关于物体的论文，那我应该对此进行详细的阐述。但是我已经说过，这并不是我想探讨的话题，我之所以谈到这个话题，是因为它能帮我顺理成章地论证我所要证明的事物。

假设

人体是由许多性质不同的个体所组成的，而每个个体自身又是极其复杂的。

构成人体的个体，有些是液体，有些是柔软的，有些是坚硬的。

构成人体的各个个体和人体自身，受到外界物体的许多不同方式的影响。

人体为了保存延续下去，需要大量的其他物体，这样才能不断得更新和繁衍下去。

当人体的液体部分受到外物影响，不时地撞击人体的柔软部分时，人体的柔软部分的表面就会改变，表面上留下外界物体撞击时的痕迹。

人体能移动外界的物体，并能通过多种方式对它们进行排列。

论点十四：人类的思维感知事物的能力，与人体获得事物印象的能力是成比例的。

论据：根据上面的假设三和六，人体受到外物多种方式的影响，同时人体也具备通过多种方式影响外物的能力。但是根据此部分论点十二，人类的思维能感知到人体所发生的所有变化，因此，这种能力越强，人类的思维感知事物的能力也就越强。

论点十五：构成客观存在的人类思维的观念，并不简单，这些观念又是由大量复合的观念组成的。

论据：根据此部分论点十三，构成客观存在的人类思维的是物体的观念，这个物体是由大量复杂的个体组成的。根据此部分论点八的推论可知，这些个体源于神，必然存在于神之内。因此，根据此部分论点七，构成人体观念的是大量个体的复合观念。

论点十六：存在于人体内的观念的所有表现形式，都受到外物的影响，这些表现形式必定遵循人体的性质和外物的性质。

论据：某个受到外物影响的物体的表现形式，必定遵循被影响的物体和影响他物的物体的性质，这些形式的观念也必定遵循这两种物体的观念。因此，存在于人体内的观念的所有表现形式，都受到外物的影响，这些表现形式必定遵循人体的性质和外物的性质。

推论一：由此推出，人类的思维不仅能感知到大量其他物体的性质，也能感知自身的性质。

推论二：我们对于外物的观念认识，更多的是体现了自身的情况，而不是外物的性质。

论点十七：如果人体受到外物影响的方式，包含外物的性质，那么人类的思维就会把这个外物看作是客观存在的，或就在面前。直到这种影响方式发生了变化，人类的思维才会把外物从客观存在的概念中排除出去。

论据：这个论点很明显，只要人体一直受到这种方式的影响，就会一直认为这种外物是客观存在的，这种观念中包含了外物的本性。换言之，人类的思维不会排斥，而是假定这个外物的存在。因此，如果这种影响方式始终不变，人类的思维将永远认定外物是客观存在的。

推论：影响过人体的外物，即使不复存在，人类的思维也会认为这种外物还是存在的。

论据：当外物影响了人体的液体部分的时候，它们通常会撞击人体的柔软部分，根据假设五，它们会改变柔软部分的表面。外物受到了反射，随后它们又随着自身的运动自然得撞击人体，好像它们也是受外物影响才被迫撞击人体的柔软部分；最后，它们又不断得受到反射，以同样的方式影响人体。由此，人类的意识将此外物判断为是客观存在的。因此，影响过人体的外物，即使不复存在，人类的思维也会认为这种外物还是存在的。

注释：由此我们明白了，为什么有些并不存在的东西，我们却以为是存在的。或许其他的原因也能导致这种错觉，但是我想在这里，我已经将这一种可能性做了充分的解释，就好像这种可能性是真正的原因一样。实际上，我也觉得我的观点与事实相差无几，因为我所有的推断都是建立在对人体合情、合理的假设基础之上。其次，根据此部分论点十六的推论二，我们清楚地知道，比如说某个叫彼得的人的观念，包含了彼得自身思维的本质；而另外一个叫保罗的人对彼得的观念。这两种观念是存在区别的。前一种观念直接回答了彼得自身的本质和存在，前提是彼得是客观存在的；而保罗的思维是把对彼得的观念定型了，即使保罗不复存在，他的观念还是保持不变。用通常的俗语来说，体现了外物对人体的影响的表现形式，虽然不能重现事物，我们也称之为“事物的形象”。当人类的思维用这种方式来看待物体时，我们称之为“想象”。在此，为了指出错误所在，我想向读者关注一个事实：思维的想象，从其自身来看，并不包含错误。思维并不是因为想象而产生错误，思维的错误只是因为缺乏排除把并不存在的事物当作存在的观念。如果思维把并不存在的事物当作存在的同时，它也知道这个事物事实上并不存在，那么这种想象能力就是一种本性能力，而不是一种错误。特别是如果这种错误的想象只是建立在自身的性质之上，而且这种想象能力是自由的。

论点十八：如果人体曾经同时受到两个或两个以上的物体影响，

那么事后，当思维回想起任何一个物体时，就自然会回想起其他的物体。

论据：根据此部分论点十七的推论，思维之所以想象着某个特定的物体，是因为人体的某个部分，曾经受到过这个外物的同种方式的影响。但是根据我们的假设，人类的思维对此物体是有一定的倾向性的，会同时想象到两个物体。因此，如果人体曾经同时受到两个或两个以上的物体影响，那么事后，当思维回想起任何一个物体时，就自然会回想起其他的物体。

注释：现在我们清楚地知道了什么是记忆了：就是对存在于人体之外的，与事物的本性相关的某种观念，这种回忆是根据人体情感变化的次序和关联，在人类的思维中产生的。因此，我说，第一，回忆就是对存在于人体之外的、与事物的本性相关的某种观念，这些观念不是解释了这些事物的本性。根据此部分论点十六，严格来说，这些有关人体变化的观念，不仅包括人体的本性，还包括外物的本性。第二，这种回忆是基于人体情感变化的次序和关联，在人类的思维中产生的。这与基于认知的次序所产生的观念是有区别的，在这种情况下，人类的思维是凭借事物的主要动因而感知到事物的，而每个人对事物的主要动因的认知次序几乎都是相同的。因此，我们可以进一步理解到，为什么对某种事物的想象，能引起对另外一种完全不同的事物的联想，比如说：对“苹果”这个词的发音，一个罗马人会立刻联想到“水果”的概念，而事实上这两个词发音上并没有共同点。只是因为这个人经常在同一个时刻受到这两个物体的影响，例如，他在看水果的时候，他经常听到苹果这个词。同样的，每个人都会按照自己的习惯，把不同的事物的形象进行排序归类。例如，对于一个军人来说，当他在沙路上看见马留下的痕迹时，会立即从马联想到骑马的人，接着又会联想到战争；而一个农民则会从马联想到犁耕、农田。所以说，每个人会遵循不同的思维次序，按照自身的思维习惯，把不同的事物用不同的方式进行关联。

论点十九：人类的思维对人体并没有认识，也不知道人体的存在；只有在人体受到外物影响时，才能通过人体的变化对人体形成一些观念。

论据：根据此部分论点十三，人类的思维就是对人体的观念或认识。根据此部分论点九，人类的思维存在于神之内，前提是承认神受到某个客观存在的物体的观念的影响；或者，根据假设四，人体需要依靠许多其他的物体借以繁衍；根据此部分论点七，观念的次序和关联，与引发此观念产生的原因的次序和关联，是一致的。因此，只要神受到某个客观存在的物体的观念的影响，这个观念也是存在于神之内的。神包含人体中的观念，或者说神了解人体，这是就神受到许多其他观念的影响而言的，并不是因为神包含人类思维的本性。但是根据此部分论点十二，人体的变化的观念也是存在于神之内的，是因为神包含了人类思维的本性；所以根据此部分论点十六，人体自身作为一个客观存在的物体，只有在受到外物影响时才能感知到自己。

论点二十：人类思维的观念或认识存在于神之内，与人体的观念或认识一样，都是由神产生的。

论据：根据此部分论点一，思想是神所具备的属性之一，因此，根据此部分论点三，有关思想自身及思想的变化的所有观念，都必然存在于神之内。根据此部分论点十一，人类的思维也必然存在于神之内。其次，就神的无限性而言，思维的观念或认识并不遵循神。但是根据此部分论点七，观念的次序和关联，与引发此观念产生的原因的次序和关联，是一致的；因此，人类思维的观念或认识存在于神之内，与人体的观念或认识一样，都是由神产生的。

论点二十一：思维的观念与思维的结合方式，与思维与人体的结合方式是一样的。

论据：根据此部分论点十二和十三和我们前面指出的事实，思维与人体的结合方式中，人体是思维的对象。因此，根据同样的道理，思维的观念必然会与思维的对象相结合。也就是说，思维的观念与思维的结合方式，与思维与人体的结合方式是一样的。

注释：根据此部分论点七的注释，我们能更清楚理解此论点。我们在那里指出过，人体的观念和人体，根据此部分论点十三，也就是思维和人体，从思想的属性和扩展性而言，是同一个个体。因此，从思想的属性而言，思维的观念和思维自身也是同一个事物。我想重申的是，思维的观念和思维自身都是必然存在于神之内，并同样遵循着神，具备相同的思想能力。严格来说，思维的观念，也就是观念的观念，不是别的，而是观念与众不同的特质，因为这种观念不涉及到对象。如果一个人知晓万物，而且他也知道自己知晓万物，关于这点我在后面的内容中再加以讨论。

论点二十二：人类的思维，不仅能感知人体的变化，而且能感知到这些变化的观念。

论据：变化的观念与变化，都以同样的方式遵循着神的本性。这个论点的证明与此部分论点二十的论证方法相同。但是根据此部分论点十二，人体变化的观念存在于人类的思维之中、神之中，这是就神包含人类思维的本质而言的。因此，这些观念存在于神之中，是因为神对人类的思维有了解或观念。根据此部分论点二十一，这些观念也存在于人类思维之中。由此，人类的思维才能不但感知到人体的变化，还能感知到这些变化的观念。

论点二十三：思维只能通过人体变化的观念感知到自身。

论据：根据此部分论点二十，思维的观念或认识，与人体的观念或认识，都是由神产生的。但是根据此部分论点十九，人类的思维并不知道人体的存在；根据此部分论点十一的推论，也就是说，人体与神的关联，思维的认识与神的关联，并不是因为神构成了人类思维的本性。因此，根据此部分论点十一的推论，人类的思维到目前为止对自身并没有认识。再则，根据此部分论点十六，人体受到变化的观念中，会涉及人体自身的性质。根据此部分论点十三，人体变化的观念与思维的性质是一致的。因此，对这些观念的认识必然会涉及对思维的认识；根据上一个论点，对这些观念的认识存在于人类思维之中；因此，思维只能通过人体变化的观念感知到自身。

论点二十四：人类的思维，不涉及对人体的组成部分的充分认识。

论据：组成人体的各个部分，并不从属于人体的本质，除非这些组成部分能通过某种固定的规律互相传递运动。组成人体的各个部分不从属于人体的本质，不是从把各个组成部分看作是独立于人体的角度来说的。根据假设一，组成人体的各个部分是极其复杂的个体；根据辅助定理四，这些组成部分能从人体中分离出来，而毫不破坏人体的性质和有特色的形式；根据辅助定理三后面的公理一可知，这些组成部分能够通过其他的规律将运动传递给其他的物体；因此，根据此部分论点三，各个组成部分的观念或认识是存在于神之内，根据此部分论点九，这是就神受到某特殊事物的观念的影响而言的，这个特殊事物在次序上，是先于这个组成部分存在的。因此，我们说，这种规律对人体的每个组成部分也都是适用的。所以，就神会受到许多事物的观念的影响而言，而不是就神构成人类思维的观念而言，人体各个组成部分的认识也存在于神之内。因此，根据此部分论点十一的推论可知，人类的思维，不涉及对人体的组成部分的充分认识。

论点二十五：人体每个变化的观念，不涉及对外物的充分认识。

论据：我们已经阐述了，人体变化的观念，涉及外物的性质，因为外物以某种特定的规律掌控着人体。但是，如果这个外物是一个与人体无关的单独的个体，那么此物体的观念或认识是存在于神之内，前提是神受到其他事物的观念的影响，而且这个事物先于这个外物存在。因此，就神具备人体变化的观念而言，对外物的观念或认识并不存在于神之内；换言之，人体变化的观念，并不涉及对外物的充分认识。

论点二十六：人类的思维在通常情况下，并不能感知到外物的客观存在。人类的思维只能通过自身身体变化的观念，感知到外物的存在。

论据：如果人体没有受到某个特定外界物体的影响，那么根据此部分论点七，人体的观念或思维，也不会受到这个客观存在的外物的影响，也不能感知到这个外物的存在。但是，如果人体不管通过什么方式，受到了某个特定外物的影响，那么根据此部分论点十六的推论一可知，人体在这种情况下能感知到外物的存在。

推论：只要人类的思维对外物只是停留在想象层面，那么就不会对此外物有足够的认识。

论据：当人类的思维通过自身身体变化的观念来了解外界的物体时，根据此部分论点十七的注释，我们称之为“想象”；而且此时思维只能把外物想象成是客观存在的。因此，根据此部分论点二十五，只要人类的思维对外物只是停留在想象层面，那么就不会对此外物有足够的认识。

论点二十七：人体的每个变化的观念，并不涉及对人体自身的足够认识。

论据：根据此部分论点十六，就人体受到某种规律的影响而言，人体变化的每个观念，都涉及到人体的本性。但是，就人体作为一个会受到多种不同方式影响的个体而言，人体变化的观念并不涉及到对自身的充分认识。

论点二十八：就人体变化的观念与人类的思维存在关联而言，人体变化的观念是混乱的、不清晰的。

论据：根据此部分论点十六，人体变化的观念涉及人体和外物的本性；不仅涉及人体的本性，还涉及人体组成部分的本性；因为，根据假设三，人体的组成部分和整个人体都会受到变化的影响，变化只是影响方式的表现形式。但是根据此部分论点二十四和二十五，就神受到人类思维的影响而言，神对外物和组成人体的各个部分并没有足够的认识；而就神受到其它观念的影响角度而言，神对外物和组成人体的各个部分是有足够认识的。这些变化的观念，只要是与人类的思维相关联，就是没有假设的结论，换言之，就是混乱的。

注释：构成人类思维本性的观念，被单独考虑时，被证明是清晰的；人类思维的观念、对于人体变化观念的观念，只与思维相关的所有观念，都被证明是清晰的。

论点二十九：对于人体每个变化观念的观念，并不涉及对人类思维的充分认识。

论据：根据此部分论点二十七，人体变化的观念，并不涉及对人体的足够认识；换言之，人体变化的观念，并不能充分地体现出人体的性质。根据此部分论点十三，人体变化的观念与思维的本性并不完全相符；因此，根据第一部分公理第四点，对于人体变化观念的观念，并不能充分体现人类思维的本性，或者说，并不涉及对思维的充分认识。

推论：由此可以推出，当人类的思维按照普遍的自然规律感知到事物时，对自身、自身的身体、外界物体并没有充分的认识，相反，是混乱的。因为，思维通常情况下并不知道自身，只有通过自身身体变化的观念才能感知到自身的存在；思维对于外物的感知，也是遵循同样的方式。因此，根据此部分论点二十九，只要思维对这种人体的变化具备观念，就不会对自身、自身的身体及外界物体有充分的认识。

注释：明白地说，当人类的思维按照普遍的自然规律感知到事物时；当思维受限于外界偶然的因素来看待事物，而不是通过观察事物的本质来判断事物间的共同点、不同点和对立面时，思维对自身、自身的身体和外界物体的认识都是不充分的、凌乱的。只有通过事物内在的本质来加以判断时，思维才能是清晰的。我在下面会加以说明。

论点三十：我们对于我们自身的持续期，并没有一个非常清楚的认识。

论据：根据此部分公理一，人体的持续期不依赖于它的本质；根据第一部分论点二十一，人体的持续期也不依赖于神的绝对属性。但是根据第一部分论点二十八，人体的存在和行为是由无穷无尽、逐层影响的其他因素决定的。因此，人体的持续期依赖于普遍的自然规律、或是事物的结构。然而，事物的结构或许是由存在于神之内的充分认识构成的，因为神知晓万物的观念，而不是因为神构成了人类思维的本性。因此，根据此部分论点十一的推论，在我们的思维里，对构成事物结构的这种认识，是很不充分的。

论点三十一：我们对于自身之外的特定事物的持续期，并没有足够的认识。

论据：人体特定的事物，比如说人体的存在和行为，都以某种固定、有限的关联受到其他特定事物的影响；而所谓的其他特定事物，又必然同样地得受到第三个事物的影响；依此类推，以至无穷。我们在前面的论点中已经阐述过，从特定事物的这个共同特征角度来说，我们对于自身的持续期并没有足够的认识，所以，根据同样的道理，我们对自身之外的特定事物并没有足够的认识。

推论：由此推出，万物都是偶然的、易消逝的。因为我们对它们的持续期并没有足够的认识，我们对于偶然性和消逝性的认识也仅限于此。

论点三十二：所有与神相关联的观念，都是真实的。

论据：根据此部分论点七的推论，存在于神之内的所有观念，与它们的对象是完全一致的。因此，根据第一部分公理六，所有与神相关联的观念，都是真实的。

论点三十三：观念中并没有积极正面的东西，会导致此观念被称为是错误的。

论据：假定否定此论点，那么就变成，一个正面的思想模式中包含明显的错误，这怎么可能呢。根据此部分论点三十二，这种模式的思想不可能存在于神之内，根据第一部分论点十五，离开神，它就不可能被认识。因此，观念中并没有积极正面的东西，会导致此观念被称为是错误的。

论点三十四：每个存在于我们内心之中的观念，都是绝对的、充分的、完美的、真实的。

论据：当我们说，存在于我们心里的某个观念是充分的、完美的，是就神构成了人类思维的本质，这个观念也存在于神之内而言的。由此，根据此部分论点三十二，我们说这个观念是真实的。

论点三十五：错误是因为缺乏充分的、有序的认识。

论据：根据此部分论点三十三，观念中并没有积极正面的东西，会导致此观念被称为是错误的；但是错误并不是简单的缺乏（因为我们只说思维犯错误、被误解，而并不能说人体犯错误、被误解）或是绝对的无知，因为无知和错误是两个概念。因此，错误是因为缺乏充分的、有序的观念认识。

注释：在此部分论点十七的注释中，我们解释了错误为什么是源于认知的缺乏，但是为了对此进行更充分的阐述，在此我要举个例子。例如：人类误认为自己是自由的，他们的见解是来源于对自身行为的感悟；而忽视了限制他们行为的一些因素。因此，从这个意义上来说，他们误解的自由观念，只是基于对影响他们行为的因素的忽视。由此可知，他们通常所谓的人类的行为依赖于意志的说法，纯粹是未对其他事物与他们的关联加以任何思考。什么是意志，意志是如何支配人体的，他们全然不知；有些人吹嘘知晓这类知识、假装知道灵魂的归处，不禁引起大家的耻笑或厌恶。同样，当我们看太阳的时候，我们想象着太阳离我们大概有 200 英尺的距离。这个错误的根源不仅仅是因为想象本身，更重要的是因为我们根本不知道我们离太阳的距离、不知道我们想象的原因。虽然后来我们知道了，太阳离我们的距离，是地球直径的六百倍以上，我们还是会想象着太阳离我们很近，并不是因为我们不知道真实的距离，而是因为人体的变化受到太阳的影响，涉及太阳的本质。

论点三十六：不充分的、混乱的观念，与充分的、清晰的观念一样，有其存在的必然性。

论据：根据第一部分论点十五，所有的观念都存在与神之内；根据此部分论点三十二，所有与神相关联的观念，都是真实的；根据此部分论点七的推论，与神相关联的观念是充分的；因此，不存在混乱无序、不充分的观念，只有涉及某个特定思维时例外。所以，根据此部分论点六，不充分的、混乱的观念，与充分的、清晰的观念一样，有其存在的必然性。

论点三十七：根据辅助定理二，对万物来说共同拥有的事物，无论是整体还是部分而言，它们都不构成任何事物的本质。

论据：假设否定这个论点，就变成它构成了某些事物的本质，比如说是 B 事物的本质。那么根据此部分概念界定第二点，如果离开了 B，这个事物既不存在，也不能被认识，但是，这明显违背了我们的假设。因此，此事物不涉及 B 的本质，同理，也不构成任何事物的本质。

论点三十八：对万物来说共同拥有的、整体或部分而言都是等同的事物，必须要充分了解，才能被认识。

论据：假设 A 是某个物体，对万物来说是共同拥有的，整体或部分存在时都是等同的。除非能充分了解A，才能够认识它。因为根据此部分论点七的推论，无论是从神了解人体的观念而言，还是从神了解人体变化的观念而言，存在于神之内的观念必然是充分的，而且会涉及到人体和外物两者的本性。也就是说，存在于神之内的观念必然是充分的，不仅因为神构成了人类的思维，而且神还了解存在于人类思维中的观念。因此，根据此部分论点十一的推论，思维感知到A时必然是充分的认识，不仅能感知到自身，而且能感知到自身的身体和外界的物体。除此之外，不能够通过其他的方式认识A。

推论：由此推出，自然界中存在对万物来说共同拥有的事物。因为根据辅助定理二，万物在某些方面有共同点，这些共同点大家都充分地认识到了。

论点三十九：人体和外界物体共同拥有的东西，不会对人体产生影响，而且无论它们以部分或是整体呈现，人类的思维都会对其有一个充分的认识。

论据：假设A就是人体和外界物体共有的一个东西，它无论时部分或是整体呈现，在人体和外界物体看来都是等同的，根据此部分论点七的推论可知，神对A物体有一个充分的认识，不仅因为神了解人体的观念，而且因为神了解这些外界物体的观念。现在，我们假设人体通过某个与物体A相似的物体，受到了外界物体的影响，根据此部分论点十六可知，这个与A相似的物体的观念，必然会涉及到A的性质。因此，根据此部分论点七的推论，由于这个物体涉及到A的特性，所以神必定也对它有充分的了解，因为神受到人体的观念的影响；换言之，根据此部分论点十三，因为神包含人类思维的本性。因此，根据此部分论点十一的推论，人类的思维对这个与A相似的物体的观念，必定也有充分的认识。

推论：由此推出，人类的思维会自行进行调节，以感知更多的事物；人体与其他的物体之间拥有的共同点越多，则人类的思维认识的事物就越多。

论点四十：思维中的任何从认识充分的观念中推出的观念也是充分的。

论据：这个论点很明显。因为当我们说由认识充分的观念推出来的观念也是充分的时候，根据此部分论点十一的推论，也就是说，这个观念也存在于神之内，神是此观念产生的原因，不是因为神的无限性，也不是因为神受到许多特定事物的观念的影响，只是因为神构成了人类思维的本质。

注释一：我已经对人类共有的事物的概念产生的原因进行了阐述，而这也是我们推论的基础。但是一些公理或概念的产生有其他的原因，但用我们的方法去解释，会更合理。因为通过这种方法去解释，我们能对什么概念更有用、什么概念是对我们毫无用处有一个更清晰的认识，与那些固执偏见的人的观点区别开来，所以我们首先应该发现这些人的观点错误的基本原因。其次，我们应该知道这些所谓的第二层次的概念的最初来源，这些公理或概念最终赖以存在的基石，以及其他的与此问题相关的点。但是，在此，我不想讨论这个问题，部分是因为我要把这些问题放到我的另外一本书中去讨论，部分是因为担心读者嫌冗长。然而，为了不遗漏该讲的东西，我会在这里列出一些所谓的“超越人类经验”的名词，比如，存在、事物、某物等。这些词产生的原因是，人体是有限的，所以在同一个时刻只能形成特定数量的一些形象（我在此部分论点十七的注释里面已经解释了什么是形象)；如果形象的数量超过了人体的上限，这些形象就会变混乱；如果形象的数量大大超过在人体的能力范围，所有的形象就会被互相混淆起来。正因为如此，所以根据此部分论点十七的推论和论点十八可知，人体在同一时刻能形成多少形象，人类的思维相应得就能想象相应数量的事物。当人体内的形象变得混乱时，人类的思维对万物的想象也就会变混乱，并且会以存在或者事物的一个属性加以判断，以偏概全。当人体内的每个形象并不是完全都清晰时，或是存在其它同样的原因，也能得出以上的结论，在此不多做解释，因为讲一种原因就足够达到我们的目的了。因为这些名词代表了观念混乱的最高境界。引起这些概念的类似原因，我们称之为共同的，如人、马、狗等也是在这种原因下产生的。例如，人体内在同一个时刻形成了许多人的形象，这些形象的数目尚在思维想象的能力范围之内，但是人类的思维却没有能力区别每个人之间的细微差别，如颜色、体型等；因此，人类的思维只能想象人体的共同点。正因为人体不断得被每个个体所影响，所以人类的思维就会简单得用一个宽泛的人的概念去描述所有这些人对它的影响。我们曾说过，人类的思维没有能力去想象绝对数量的个体。但是，我们必须记住，每个人形成这些常识的方式是不同的，会因个体受到影响的程度和思维对事物的记忆难易程度的不同而不同。例如，对于那些羡慕别人的好身材的人来说，往往会把人的概念理解为是一个亭亭玉立的形象；对于那些羡慕人的其他属性的人来说，他们对人的概念定义就又不同，如：人是一种会笑的动物；人是一种双腿直立没有羽毛的理智动物；因此，每个人对事物形象的判断是基于自身的习惯。由此可知，许多仅仅依照自身对事物形象的判断习惯来解释事物的本性的哲学家，遭到众多人的反驳，也不足为奇。

注释二：通过上面的分析，我们可以清楚得知道，通过感知事物，我们形成了一些普遍的共识：

(1) 通过感官对特定事物的片面的、混乱无序的感知得来的认识，我们称之为来源于经验的知识。

(2) 通过象征物感知的知识，比如当我们读到或者听到某个词，就会联想到相应的事物，并形成与之相似的观念，我们通过这些观念来想象事物。我们把这两种认知事物的方法，称为第一种知识、见解或想象。

(3) 根据此部分论点三十八的推论。论点三十九的推论可知，人类存在共同的认识，对某些事物的特性有充分的认识，我们称之为第二种知识。除了这两种知识外，我在后面会讲到第三种知识，我们称之为直觉。这种知识来源于对神的某些属性的绝对本质、对事物的本质的充分认识。对这三种知识，我用一个例子加以说明：假设给出三个数字，求出第四个数字，第四个数与第三个数之比，要求等于第二个数与第一个数之比。一个商人会毫不犹豫地把第二个数与第三个数相乘后，除以第一个数；或许是因为商人没有忘记老师讲过的一个无需证明的万能公式；或者是因为他们曾用简单的数字计算过，积累了经验；或者他们是根据欧几里得“几何学”第七章第十九论点，知晓比例数字的共同特征。但是，非常简单的数字根本不需要这些方法，比如：给出 1、2、3 三个数字，谁都知道第四个数是 6；这比任何证明都清晰，因为我们通过直觉就能算出第一个数与第二个数的比例，从而推出第四个数字。

论点四十一：第一种知识往往是错误的唯一根源，第二种和第三

种知识往往是正确的。

论据：我们在前面的注释里面就已经说过，第一种知识的观念往往是不充分的、混乱的；因此根据此部分论点三十五，这一种知识是错误的唯一根源。其次，我们曾说过第二种和第三种知识的观念都是充分的，因此根据此部分论点三十四，这两类知识必然是正确的。

论点四十二：第二种和第三种知识，教导我们辨别真理与错误，而不是第一种知识。

论据：这个论点很明显。一个能辨别真理与错误的人，必然对真理和错误有一个充分的认识。换言之，根据此部分论点四十的注释二，这个人必定会根据第二种和第三种知识来判断真理与错误。

论点四十三：一个拥有正确观念的人，必然知道自己拥有正确的观念，因而不会怀疑自己知道的事物的真实性。

论据：我们所拥有的正确观念，神必然对此观念有充分的认识，因为根据此部分论点十一的推论，神是通过人类思维的本性加以体现的。我们假设 A 是一个神认识的充分的观念，那么这个观念的观念必然也存在于神之内，它与神的关联方式与观念 A 与神的关联方式是一样的。就神是通过人类的思维加以体现的而言，观念 A 与神有关联，因此，观念 A 的观念必定以同样的方式与神相关联。换言之，根据此部分论点十一的推论，人类的思维对观念 A、观念 A 的观念都有充分的认识。因此，根据此部分论点三十四，一个对事物有正确认识的人，必然确信自己的知识是充分的、正确的。

注释：我在论点二十一的注释里解释过，什么是观念的观念。没有一个拥有正确观念的人，会忽视观念正确与否的确定性。因为，正确观念是对一个事物完美理解的另一种表达方法。没有人会怀疑这一点，除非这个人认为观念是一种没有生气的东西、不是思维的一种方式，如画框里的一幅画。试问，如果一个人不首先了解一个东西，他怎么能理解其他的东西？其次，除了正确的观念自身之外，还有什么比它能更清晰、更确定地成为真理的标准？就像光明不仅体现了自身，也体现了黑暗，同样的道理，真理也是自身和错误的衡量标准。

我想至此，我已经清楚地回答了以下一些问题：如果从观念与其对象的一致性角度出发区别真理与谬误，那么真理并不比谬误更现实或完美；所以，一个拥有正确观念的人并不比一个拥有谬论的人更完美吗？第二，人类的错误观念是怎么产生的？最后，人们怎么知道自己的观念与对象是一致的？在我看来，我已经十分清楚地回答了这些问题。真理与谬论的区别很明显：根据我在此部分论点三十五所说的，真理相比谬论，就相当于是存在相比不存在；我在此部分论点三十五的注释中也已经清楚说明谬论产生的根源。据此，拥有真理和谬论的人的区别就一清二楚。至于最后一个问题，人们怎么知道自己的观念与对象是一致的，我之前也已经指明，人的知识是基于自身对对象的正确认识的事实上产生的，换言之，真理就是自身的衡量标准。我们可以说，我们的思维之所以能正确地感知事物，根据此部分论点十一的推论，是因为我们的思维是具有无限智慧的神的一部分。因此，思维中清晰、独特的观念，就像神的观念一样，必然是正确的。

论点四十四：从理性的本性来说，事物不是偶然的，而是必然的。

论据：根据此部分论点四十一，理性从本性上就能正确地感知事物；换言之，根据第一部分公理六，理性从本性上就能认识自身；根据第一部分论点二十九，事物不是偶然的，而是必然的。

推论：由此推出，无论是对过去还是将来而言，只有通过我们的想象来考虑事物，我们才会把事物认为是偶然的。

注释：这种看待事物的方式是如何产生的，在此我只做简单的解释。根据此部分十七及其推论，我们知道即使某个事物不存在了，思维还是会认为这个事物是存在的，直到某种因素的产生排除了此事物的存在。其次，根据此部分论点十八，我们知道，如果人体在同一时刻受到两个外界物体的共同影响，那么事后想到其中一个外界物体时，就会自然地想起另外一个外界物体。也就是说，思维会把两个物体的存在联系在一起，除非某些因素排除了两个物体的存在。另外，没有人会怀疑我们也在想象着时间的概念，因为我们会想象着物体从一个地方运动到另外一个地方时，有些物体运动得快，有些慢，有些以相同的速度运动着。因此，假设一个小孩昨天早上第一次见到彼得这个人，中午见到了保尔，晚上见到了希门；而今天上午小孩又再一次看见了彼得。根据此部分论点十八，很明显，当他看到早晨的阳光时，他会想象着太阳在天空中经过的地方与以前的相同，也就是说，他会想象着全天，在早上他会想到彼得，在中午他会想到保尔，在晚上他会想到希门；所以，早上见到彼得时，他会把保尔和希门的存在与将来相联系；相反，如果他在晚上看见希门时，他会把彼得和保尔与过去的时光相联系起来。如果这发生在任意一个时刻，在另外一个晚上，假设小孩看见了詹姆斯，而不是希门；那么他在接下来的早上，他有时把希门与晚上联系在一起，有时候又是把詹姆斯与晚上相联系，但是不会同时想到两个人。因为我们假设的是，小孩在不同的晚上分别见到了他们两个人，而不是在同一个晚上见到。因此，他的想象会摇摆，在将来的晚上，他对两个人的想象是不确定的、认为两个人是偶然的。所以只要我们把这种对事物的想象放到过去或现在的联系中进行考察，那么他的想象便会一直摇摆不定。因此，当我们把事物与过去、现在、将来相联系时，我们就会认为事物具有偶然性。

推论二：理性的本性在于，将事物放在某个特定的永恒不变的形式下进行考察。

论据：根据此部分论点四十四，理性的本性在于不会把事物看作是偶然的，而是看作是必然的。根据此部分论点四十一，理性对事物的这种必然性及对自身的认识是正确的。但是根据第一部分论点十六，事物的这种必然性也就是神的永恒的必然性。因此，理性的本性在于把事物放在这种永恒的形式下进行考察。根据此部分论点三十八，我们可以说理性的基础是事物共同拥有的概念，根据此部分论点三十七，这些概念并不能说明特定事物的本质，因此，不能把事物与时间联系在一起进行考察，而是要放在一个永恒的形式下进行考察。

论点四十五：任何物体的每个观念、或是客观存在的任何事物，都必然涉及神的永恒性和无限性本质。

论据：事实上，某个特定事物的观念的存在，根据此部分论点八，必然同时涉及此事物的存在和本质。根据第一部分论点十五，没有一个事物能离开神而被感知；但是，根据此部分论点六，就神隶属于事物的某个属性下的形式而言，神是事物存在的动因。因此，这些事物的观念必然涉及这些观念的属性概念，也就是神的永恒性和无限性本质。

注释：在这里，我们所谓的存在，并不是指存续期。也就是说，存在只是一种抽象的、量化的概念。我们所说的存在的特性，是就特定事物以无限多的方式遵循神的永恒必然性而言的。我要再次强调的是，我所说的特定事物的存在，是就其存在于神之内而言的。因为，虽然每个特定事物的存在都是在某种既定方式下，受到其他特定事物的影响，而助力于事物存在的，却是因为遵循了神的永恒必然性。

论点四十六：涉及神的永恒无限本质知识的任何一个观念都是充分的、完美的。

论据：前一个论点的论据是普遍适用的；根据上一个论点，无论是从部分还是整体来看待一个观念，都将涉及到神的永恒无限的本质。因此，能够提供神的永恒无限本质知识的事物，是万物共有的，此事物无论从整体还是部分而言都是同等的。根据此部分论点三十八，这种知识是充分的。

论点四十七：人类的思维对神的永恒无限性本质有充分的认识。

论据：根据此部分论点二十二可知，人类的思维中存在对自身和外界客观存在的物体的观念。因此，根据此部分论点四十五和论点四十六，人类的思维对神的永恒无限性本质有充分的认识。

注释：由此，我们可知，所有人都知道神的永恒无限性本质。既然万物都存在于神之内，并且通过神被认识。我们能从中得到许多启迪：有些或许是我们充分认识的；有些能帮助我们形成论点四十注释里所说的第三种知识，第三种知识的价值和作用，我们将在第五部分中讨论。相比于人类对常识的认知程度，人类对神的认识并不清晰，因为他们无法像想象物体一样去想象神；其次还因为他们通常把神这个词的形象，与他们日常所见的事物的形象相联系，他们无法避免这么做，因为人类的存在持续受到外界物体的影响。事实上，许多错误的根源都能归结到没有把名词应用于正确的事物上。例如，当一个人说从圆心到周围的直线是不相等的，那么他所理解的圆，与数学家理解的圆肯定是不一样的。同样，当人们计算发生错误时，他们的思维中的数字，与纸上写的是不一样的。如果我们就他们的思维而言，其实并没有错误；我们之所以认为是错误的，是因为我们以为他们思维中的数字与纸上的数字是一样的。如果我们没有这么想，那么我们就不会认为他们出错了。就好像当我们听见一个人大叫，他家的大门砸到了邻居家的母鸡身上时，我相信他没有说错，因为我们了解他所表达的真正意思。这引起了许多的争论，其原因就是人们没有正确地解释他们或者别人的意思。事实上，当他们为自己辩护时，他们的立场不坚定，自相矛盾，一会站在这边，一会赞同相反的观点。所以，他们认为对方的观点是错误的，但实际上并非如此。

论点四十八：在思维中，不存在绝对或是自由的意志；思维受其他因素的影响而产生各种意愿，而这个因素又受到其他因素的影响，依此类推，以至无穷。

论据：根据此部分论点十一，思维是思考的一种固定的表现形式，因此，根据第一部分论点十七的推论二，思维不可能是行动的自由因素，换言之，思维不具备绝对的积极或消极的意志能力。但是根据第一部分二十八，思维必然是由一个因素导致的，而这个因素又受到其他因素的影响，依此类推，以至无穷。

注释：用同样的论证方式，可以证明：在思维中，不存在绝对的认识、欲望、爱好能力。由此可知，类似的一些能力，要么是纯粹虚构的，要么是抽象的、普通的。因此，智慧和意志与这个或那个观念的关系，就像石头的性质与这块或那块石头的关系一样，或是像人与彼得和保尔的关系一样。人之所以认为自己是自由的原因，我们已经在第一部分的附录里面加以说明。但是，在这里我想进一步加以说明，意志是一种肯定或否定的能力，而不是欲望。意志，是一种能力，是一种思维借以肯定或否定真理或错误的能力，而不是思维用来追求某物或远离某物的欲望。我们已经证明了这些能力是普遍的概念，并不能与形成这些概念的个体事物区分开来，我们必须弄清楚意志自身除了包括事物的观念外，是否还包含其他的东西。我想探究的是，在思维中，除了观念之外，是否还存在其他的肯定或否定。关于这个话题，请看下一个论点和此部分的概念界定第三点。我们所谓的观念，并不是眼睛里形成的、或是大脑中的形象，而是思想的概念。

论点四十九：思维中除了观念所包含的意志或肯定否定外，不存在意志、肯定和否定。

论据：思维中不存在绝对积极的或是消极的意志能力，只有特殊的意志、这个或是那个肯定、这个或是那个否定。现在，我们来假设一种特殊的意志，即思维的一种表现形式思想，通过思考，我们的思维肯定三角形三个内角之和等于两个直角。这种肯定涉及三角形的概念或观念，因为如果对三角形的观念不了解，就不能推出这个肯定。也就是说，谈概念 A 必然涉及概念 B，没有概念 B，概念 A 就不能被认识。其次，根据此部分公理三，如果对三角形的概念不了解，就不会有这种肯定的存在、就不会设想出这种肯定。同样的，对于三角形的观念，必然涉及这样一个肯定的观念，即三角形三个内角之和等于两个直角。因此，反过来，如果没有这个肯定，三角形的观念就不存在、也不能被认识，所以这种肯定从属于三角形观念的本质，除此之外，没有别的。我们说的只是意志的一个例子，同样的道理也适用于其他的意志，也就是说，思维中除了观念所包含的意志外，不存在意志。

推论：意志和理解是同一个东西。

论据：根据此部分论点四十八及其注释，意志和理解不是别的，只是个体的意志和观念。根据前面一个论点，一个特殊的意志或是观念也是同一个东西，因此，意志和理解是同一个东西。

注释：我们已经在上面反驳了，通常大家所认为的错误的原因。我们在上面指出了，错误在于观念中缺乏完整的、清晰的知识。所以，一个错误的观念，与错误本身一样，包含不确定性。当我们说，一个人默许了错误时，我们不是说他是确定的，只是他不怀疑、默许了错误，因为根据此部分论点四十四的注释，他没有理由动摇他的想象。因此，虽然这个人默许了错误，但我们不能说他很确定。因为，根据此部分论点四十三及其注释，确定指的是某种肯定，并不仅仅是没有疑惑。

然而，为了对前面的论点进行充分的阐述，我想补充几点，并且进一步回答反对者的观点。最后，为了排除所有的疑惑，我想有必要指出我说这些的一些作用。我之所以说是一些作用，因为我在第五部分再对主要的效用加以阐述。

下面我开始讲第一点，我想敬告我的读者注意观念或思维的概念、与想象出来的事物的形象之间的真正区别。其次，也有必要对表示事物的观念与名词加以区别。许多人把形象、名词、观念三个此混淆在一起，或是对三者的区别理解得不够准确，所以他们对于这里提出来的关于意志的学说才会心不在焉，但实际上了解这个学说，对于理解哲学的思辩和生活中的智慧是必不可少的。那些认为观念是由我们所接触的外界物体的形象构成的人，相信这些物体的观念，如果不能在脑海里形成图像，就不是观念，而只是有我们的意志虚构的东西。因此，他们认为观念只是画框里无生气的图片。在这种误解的指引下，他们不知道观念包含肯定或否定。同样的，那些把名词与观念、观念包含的肯定混淆在一起的人，认为他们能够欲求到一些与他们的感觉、肯定或否定相反的东西。这种误解很容易被反驳，只要意识到知识的性质并不包含外延的概念的人，都能清晰地理解，观念作为思维的一种形式，绝不是由形象或是名词构成的。名词与形象的本质是由人体的运动所构成的，并不涉及思想的概念。

对于观念、形象和名词的区别，我想上面已经讲得足够多了。因此现在开始，我要讨论一下反对我的学说的人的观点。

第一个观点是：有人认为，意志比理解的范畴更宽广，因此意志不同于理解。他们持有此观点的理由是，根据经验，他们不需要提升他们的肯定或否定的能力，以认识他们未感知到的无限多的事物，但是他们认为有必要提升自己的理解能力。所以，意志与智慧便区别开来了，智慧是有限的，而意志是无限的。

第二个观点是：从经验教训来看，在对所感知的事物尚未肯定之前，我们可以延缓判断。有一个事实能够肯定这种说法：任何人受骗的原因，不是在于他感知到了什么事物，而在于他对此事物是持肯定或否定的态度。例如，一个人可以想象有一匹带翅膀的马，但是他不能因此就肯定带翅膀的马的存在；也就是说，他并没有受骗，除非他承认了有翅膀的马的存在。没有什么能比经验更清楚地说服大家，意志或肯定的能力是自由的，而且与理解的能力是有差别的。

第三个观点是：某个肯定并不见得比另一个肯定包含更多真实的东西，换言之，我们好像并不需要肯定，因为肯定一个真理为真，并不比肯定一个错误为真，会耗费更大力量。然而，在我们看来，某些观念确实比另一些观念包含更多真实的或完美的东西。因为这些物体可能比那些物体更优秀，所以这些物体的观念比那些物体的观念会更优秀一些。由此可以看出理解与意志的区别。

第四个观点是：如果人出于自由的意志而行动，那么如果所有行为的动机处于一种平衡状态时，像布里丹的驴子那样，他会怎么办呢？他会因饿死、渴死而腐烂吗？假使他会这样做，那么在我脑中他就是一头驴、或是一座人的雕像，而不是真实的人。假使他不这样做，那么他就能够决定自己的行动，具备他想做的任何事情的能力。

除上面四个反对观点外，或许还有其他的反对观点，但是我无义务将任何人的异想一一罗列。我仅对上面提到的几个观点进行尽量简短的辨析。

对于第一个反对观点，如果理智是指清晰明了的观念，那么我承认意志比理解的范畴更宽广。但是，我不认为意志比感知、构成概念的能力更广；并且我也看不出意志的能力，相比感觉的能力来说是无限的。因为，我们能通过同一意志的能力，去肯定无限多的事物；我们也能通过同样的感觉的能力，感觉、感知无限多的物体。如果说我们不能够感知到无限多的事物，那么我认为，这些事物是不能通过我们的思想、或是意志的能力所能达到的。但反对者会说，如果神要我们感知这些事物，我们应该就能感知到这些事物，神必须赐予我们一种更强大的感知能力，而不是赐予我们更强大的意志能力。这就无异于说，如果神要我们理解掌握一些无限数量的其他实体，他就必须赐予我们更强的理解能力，而不是给我们有关这些实体的更多知识。我们之前已经说过，意志是一种普遍的实体或观念，我们可以通过意志来解释所有的个体的特殊意志；换言之，意志是一切个体意志所共有的东西。

同样的，我们的反对者会坚持说，一个对所有意志来说都是普遍的观念，是一种能力。他们还宣称，这种能力能够从自身扩展到无限范围，甚至超越理解的范畴；这种说法让我们不禁要惊讶片刻。因为，所谓普遍的东西，是指对一个物体、许多物体、甚至无限数量的物体来说，都必须是普遍的。

对于第二个反对观点，我将这样来反驳：我们具备一种保留判断的自由的能力。因为，当我们说某个人保留了他的判断的时候，我们仅仅指他对所讨论的问题没有充分的认识。因此，严格来说，保留判断是出于一种感知，而不是出于自由的意志。为了阐述这一点，我们假设一个男孩在想象着一匹马，与此同时，他并没有感知到其他任何东西。根据此部分论点十七的推论，我们知道这个想象涉及了马的存在问题，而此时这个男孩没有感知到，能排除马的存在的任何东西，所以，他必然认为马是存在的。也就是说，虽然他不确定马的真实存在，但是他也不怀疑马的存在可能性。我们或许在日常生活中经历过，在梦中出现过这样的事物。我不想设想，有人在梦中，还有对梦境中的事物保留判断的自由能力，甚至告诉自己不应该梦到这些事物。但是，当我们梦想着我们在做梦的时候，我们还是能保留我们的判断。

其次，我承认，就真实的感知而言，没有人会被欺骗；也就是说，我认为思维中的想象，根据此部分论点十七的注释，就自身而言，不涉及错误的概念。但是，我否认，一个人在感知到某个事物时，不做任何的肯定。当感知到一匹带翼的马时，除了能肯定这匹马是带翅膀的之外，还有别的东西吗？如果思维除了感知到带翼的马之外，感知不到任何事物，那么思维就会认为带翼的马是存在的，因为思维没有理由来怀疑它的存在，也没有否定的能力。除非这种带翼的马的想象与某种能排除带翼的马的存在的观念相碰撞、或是思维感知到对带翼的马的认识是不充分的情况下，思维才会否认这种马的存在、或是对此种马的存在持怀疑态度。

我想我上面的回答已经答复了第三个反对观点，意志是某种所有的观念共同具有的普遍性事物，并且意志只表示所有观念的共同点，即肯定；因此，肯定的本质，抽象来看，必定存在于所有的观念中，也只有在这个意义下，肯定存在于一切观念之中；但当肯定被看作是构成观念的本质时，并非如此，因为在这种情况下，每个个体的肯定，与观念一样，是互不相同的。譬如，一个圆的观念的肯定，与一个三角形的观念是不同的；同样的，圆的观念与三角形的观念也是不同的。

进一步来说，我绝对反对的是：为了肯定真理是真的、肯定错误是真的，我们需要拥有相同的思考能力。这两种肯定，如果我们从思维的角度来看，两者之间的关系，同存在与不存在的关系是一样的。因为观念中不存在积极肯定的事物，因此，根据此部分论点三十五的注释和论点四十七的注释，这样的观念足以构成错误。

因此，我们必然得出这样的结论：当我们把普遍事物与个体事物相混淆时、把理智与抽象的实体与实物相混淆时，我们很容易被欺骗。关于第四个反对观点，我已经做好充分的准备，我承认，当一个人处于上面所说的平衡状态时（指除了感知到距离他很远的饥饿和渴、食物和饮料之外，感知不到任何其他东西），他会死于饥饿和渴。也许有人会问我，这样的人是不是不应该被认作是一头驴；我不知道，我也不知道如何看待一个悬梁自尽的人、如何看待小孩、蠢蛋、疯子等。

接下来需要指出的是，这种学说对我们的行动的指导作用，我想这可以从我们上面所分析的内容里，很容易地归纳出来。这是一个很有用的学说，因为：

（1）它教导我们只根据神的命令行动，要参与到神的性质中去，我们参与的程度越高，我们的行为就能够更完美、更能被神所理解。这个学说不仅慰藉了我们的精神，同样也为我们指明了我们的快乐或幸福来源于何处：我们的幸福源于对神的认知，源于神指引我们要以爱和虔诚作为行为准则。我们由此能清楚地理解，那些希望神能酬谢他们的美德、善行、苦役的人，其实与道德的真正价值相差甚远，他们好像认为神的道德和服役本身并不在快乐和自由之内。

（2）它教导我们应该如何处理命中注定、不在我们力量范围之内的事情，不要认命。因为它告诉我们，对于命运中的幸运与不幸的事情，我们都应该以同样的态度耐心地忍耐，看到万物必然都遵循神的永恒性；就像三角形的本质一样：三个内角之和必然等于两个直角之和。

这个学说对于我们的社交生活也不无益处，它教导我们不要恨任何人，也不要轻视、嘲笑、嫉妒、迁怒于任何人或事物。其次，它还教导我们对自己要知道满足；要帮助邻居，不是出于妇人之仁、或是迷信，只是出于理性的指引、时势和环境的需要，我在第三部分会加以说明。

最后，这个学说对于整体国民也不无益处，因为它教导市民服从政府的领导，不是成为奴隶，而是为了获得真正意义上的自由。

至此，我已经兑现了我在此注释最开始时作出的承诺，因此，第二部分论述就到此收笔了。我想我在第二部分已经充分清晰地解释了人类思维的性质和属性。我相信我已经奠定了一定的基本见解，在此基础上，能引申出很多有用的、必须知道的结论。接下来要讨论的东西，就能使部分结论明了一些。

第三部分　论情感的起源与性质

大部分写人类情感和行为的作家，似乎都没有遵循自然界的共同规律，他们似乎在讨论自然界之外的事物。他们似乎把自然界中的人当作王国中的国王，他们认为人类没有遵循、反而在破坏自然规律，人类对自己的行为有绝对的控制能力，人类的主意只由自己决定。他们将人类的缺点和变化无常，归因于人类本性中的一些神秘的缺陷，而不是自然界的力量；对于这些缺陷他们感到悲哀、可笑、蔑视或诅咒。一个能战胜人类思维缺陷的人，必然比他的同伴更善辩、更尖锐，他就被尊为先知者。诚然，有许多人的勤奋劳动我很感激，他们写了很多有关正确的生活方式的著作，为人类提供了很多智慧的忠告。但是，到目前为止，就我所知，没有人定义了情感的性质和优点、人类的思维是如何控制情感的。

我不会忘记杰出的笛卡尔，虽然他相信人类的思维对其行为有绝对的控制能力，但是他还是努力想要通过分析人类情感的首要因素去解释人类的情感，同时，他指出了一种人类思维或许能够绝对控制情感的途径。然而，在我看来，他除了展现出自己伟大敏锐的智力外，并没有实现任何结果，我将在适当的位置加以说明。现在，我希望能答复那些只会滥用、嘲笑，而不是理解人类情感的人。这些人无疑会认为我的方法很古怪，因为，我试图用几何学来研究人类陋习，并想用理性的方式证明他们认为违反理性、虚幻、荒谬的事物。然而，我的理由是：自然界中，没有什么事物是源于自然的缺陷，因为自然界处处都是统一的；自然的作用和行为力量，是遵循自然的规律和法则的，万物都从一个形式变化到另一种形式，在任何地方都遵循同样的规律。所以，有一种方法可用以了解自然界中的万物：那就是通过自然界的普遍规律和法则。因此，像恨、愤怒、妒忌之类的情感，就自身来看，也遵循同样的自然的必然性和力量。它们的存在有特定的原因，我们通过了解这些原因而理解它们，它们的特性值得我们去认识，正如我们考察个别事物的特征一样，这种考察的过程给我们带来快乐。因此，我将用我在前面考察神和思维时的同样方法，来研究情感的性质和优点；就像我考察线、面和体积一样，我将用同样的方法去考察人类的行为和欲望。

概念界定

一个充分的原因，是指通过原因就能够清晰感知到其产生的结果。而通过原因不能够了解到结果的原因，称之为不充分的、或是部分的原因。

当我们内部或外部发生什么事情，而我们正是此事情的充分原因，我们称为主动；也就是说，主动是指，出于我们的本性而发生的事情，无论是内部或外部的，可以通过我们的本性对此事物进行清晰的理解。相反，当我们内部或外部发生什么事情时，如果我们只是事情发生的部分原因，那么我称为被动。

情感是人体的主动性增强或减弱的变化，以及这种变化的观念。

如果我们是任何变化的充分因素，那么我们称之为主动的情感；反之，我们称之为被动的情感，或者说思维出于被动状态。

假设

1. 人体会受到许多方式的影响，在不同情况下，人体的行为能力或增强或减弱；而在某些方式的影响下，人体的行为能力不会发生变化。

此假设或公理基于第二部分论点十三后的假设一、辅助定理五和辅助定理七。

2. 人体会经历许多变化，但根据第二部分假设五，却仍能保持对客体的印象，因此根据第二部分论点十七的注释，保留同样的事物形象。

论点

论点一：我们的思维在某些情况下处于主动状态，在某些情况下处于被动状态。当思维具备充分的观念时，它必然是主动的；反之，它必然是被动的。

论据：在每个人的思维中，根据第二部分论点四十的注释，必然存在一些充分的见解、一些零乱的观念。思维中那些充分的观念，在神看来也是充分的，因为，根据第二部分论点十一的推论，神构成了思维的本质。但是，思维中不充分的那些观念，在神看来也是充分的，因为，神不仅包含思维的本质、还包含别的事物的思维。再则，根据第一部分论点三十六，每个既定的观念必然会伴随结果的产生，根据此部分概念界定第一点，神是导致这种结果的充分原因，不是因为神的无限性，而是因为，根据第二部分论点九，神受到这个观念的影响。既然神是导致这个结果的原因，因为神受到思维中的充分观念的影响，根据第二部分论点十一的推论，上面提到的思维是个充分要素。因此，我们的思维，就其具备充分的观念而言，在某些情况下必然处于主动状态，这是我们的第一点。其次，任何事物必然遵循神之内的充分观念，因为神不仅包含人的思维，而且还包含别的事物的观念，所以根据第二部分论点十一的推论，人的思维不是事物的充分原因，只是部分原因。因此，根据第二部分概念界定第二点，当思维不具备充分观念时，必然处于被动。这是需要证明的第二点。所以说，我们的思维有时处于主动状态，有时处于被动状态。

推论：由此推出，思维所具备的不充分观念越多，它所受的限制就越多，越被动；反之，思维所具备的充分观念越多，它就能越主动。

论点二：人体不能决定思维的思考，思维也不能决定人体的静止或运动或其他状态。

论据：根据第二部分论点六，思想的任何形式都是由神决定的，因为神是一个会思考的事物，而不是因为神通过其他的属性加以体现。因此，绝对思维思考的是思想的形式，而不是外延的形式，根据第二部分概念界定一，即决定思维思考的不是人体。这是我们要证明的第一点。再则，人体的运动和静止是源自于另外一个物体，而这个物体的静止或运动状态又受到第三个物体的影响。可以肯定的是，物体发生的任何变化都源自于神，因为他受到外延的某些形式的影响，而不是受到思想的表现形式的影响。也就是说，物体的任何变化不会是源于思维，思维只是思想的一种表现形式。这是我们要证明的第二点。因此，人体不能决定思维。

注释：根据第二部分论点七的注释，我们能更清楚地了解到，思维和人体是同一的，首先能够通过思想的属性被认识，其次能够通过外延的属性被认识。因此，无论我们是通过这个或是那个属性去认识自然，事物的秩序或关联是一致的，所以人体内的主动或被动次序，是与思维的主动或被动次序一致的。这点在我们证明第二部分论点十二的时候就能明白体现。

然而，即使已经很明确，在没有实践经历作证明之前，我还是不能相信，人们可以对此说法给予冷静的评价；他们仍然坚信，身体的运动或静止，是完全由思维决定的，并且相信人体的许多行为是依赖思维的意志和思想的力量。然而，实际上，到目前为止，没有人指出过人体力量的范围。也就是说，没有人能用实践经历证明，按照自然的规律、单独依靠人体的力量，人体能完成什么样规模的事情。也没有人知道人体所有功能的运行机理的准确知识，我想我也没有必要提醒大家，很多研究只是针对低等动物的行为，梦游的人在睡觉时做了很多醒时不敢做的事情。这样的例子数不胜数，足以表明人体按照自然规律做了很多事情，而人的思维对这些事情感到惊讶。

再则，没有人知道思维是用什么手段、在多大程度上、花多长时间使人体产生运动。因此，当某人说这个或那个物理行为，是由思维决定的时候，他并不知道自己措词不当、忽略了该行为产生的原因。

但是，他们会说，无论我们是否知道思维是如何作用于人体的行为的，我们知道这样的事实，除非思维处于思考的状态，人体会保持不动。其次，我们经历过这样的情况，思维自身能够决定我们是否说话以及类似听从思维而动的状态。但是关于第一点，我想先问反对者们，当人体处于被动状态、思维同时也处于不思考的状态时，难道实践经验就不能教导我们了？

因为当人体处于睡眠状态的时候，思维也同时处于迟钝状态，没有醒着时拥有的思维能力。我想，每个人的经历都能证实这个说法，思维并不是在任何适合都能思考某个特定的对象，只能说是人体或多或少会受到这个或那个对象的形象的刺激，思维也受到同样的影响而或多或少得引发思考。

但是他们会说，仅把自然规律看作是一个可延伸的实体来说，不可能推出建筑物、图片及类似的事物的原因，因为它们是人类创造的艺术，除非思维决定了人体，否则人体也不能建造出寺庙。但是，我已经指出过，他们不知道人体的能力范畴，从身体的性质角度来说，也不知道能推出什么东西，而且根据经历认识的许多事物，都是按照自然规律发生的，他们觉得，除了受到思维的指导外，绝不可能发生。例如梦游的人在沉睡时做的事情，醒来时自己都会感到惊讶。到此，我想补充一点，暂且不从我之前证明过的，万物无论从哪个属性加以考察，都是自然的产物；人体的构造，从艺术性而言，远远超越了人类的技术所及的范畴。

关于第二点，如果人具有相同的主动力量，是否说话或沉默都由自己决定，那么万事都可以顺利进行了。经验告诉我们，人类最无力控制的就是自己的嘴巴，而最难控制的就是自己的欲望。因此，许多人觉得，只有在做唾手可得的事情时，才感到自由；因为对一种事情的欲望，会由于回忆起另一件事情而减弱。反之，如果我们追求某事物的情感很强烈，注意力不能被其它事物所转移，那么我们就不会感到自由。但是，假如我们做的许多事，后来后悔了，或者有时我们被矛盾的欲望所刺激，而我们也知道什么是善、什么是恶；如果我们没有经历这些事情，我们就会一直坚定不移地认为一切行为都是自由的。根据这种观念，那么，投入母亲怀抱的婴儿、生气得想要报仇的小孩，都会觉得这种行为是出于他们的自由意志；怯懦的人认为可以依照自己的自由意志开小差、醉酒的人说出某些清醒时不会说的话。这样看来，无论是疯子、纸上谈兵的人、小孩及类似的人，都认为他们所说的话是出于思维的自由意志，但是，实际上，是因为他们无力控制自己的嘴巴。

因此，经验理性地教导我们，人们相信自己拥有自由，是因为他们对自己的行为有意识，而不知道是什么决定了他们的行为。根据经验，我们知道，思维产生的命令，不是别的东西，而是欲望本身，而欲望也会随着人体情况的不同而有所差异。因为每个人所做的事情，是基于情感。因此，没有受到任何情感激励的人，遇到任何事情的时候，都会显得没有主见、犹豫不决。这一切足以表明，思维的命令、欲望和人体的行为，从本性上来说，都是同时产生的，或者说是同一样东西；当我们从思想的属性去考察时，便称之为命令；当我们用外延的属性、运动或静止的规律去考察时，便称之为行为。这一点在后面会阐述得更为清楚。但是，在此，我只想提醒大家一点：如果我们对思维的命令没有印象，我们不能凭借思维的命令做任何事情。例如，如果我们压根就没有记住某句话，我们就不会说出这句话；但是能否记住或忘记某件事情，并不在思维的能力范围之内。因此，有人说，思维的能力范畴，只限于记忆的范围之内，只有我们记住的事情，我们才能凭借思维的命令说话与否。但是，我们说梦话的时候，我们相信，我们说的话是出于思维的自由命令。但是，实际上，我们并没有说话，即使是说了梦话，这种情况也不是人体听从意志的结果。又例如，在梦中，我们发现自己在隐藏什么事情，并且以为这种行为是出于思维的命令；与我们清醒时，故意隐瞒一些事情的道理一样。因此，我想知道，思维中是否存在两种命令，一种是虚幻的、一种是自由的。如果存在两种命令的说法是荒诞的，那么我必须承认，我们所认为的思维的自由命令，与我们想象或记忆中的命令，并没有区别。那些认为人的行为都出于思维的自由命令的人，真是异想天开。

论点三：思维的主动性只源于充分的观念，思维的被动性源于缺乏充分的观念。

论据：根据第二部分论点十一和十三，构成思维本质的首要要素，不是别的，而是客观存在的人体的观念；根据第二部分论点十五，人体又是由许多其他的观念构成的；根据第二部分论点二十九的推论和论点三十八的推论，有些观念是充分的、有些是不充分的。因此，凡是遵循思维的属性、思维是其直接原因的事物，必然遵循充分的、或是不充分的观念。但是就思维缺乏充分观念而言，思维必然是被动的；因此，思维的主动性只源于充分的观念，思维的被动性源于缺乏充分的观念。

注释：由此，我们看到，被动的状态并不是思维的属性，而只是思维涉及了某种否定的，或是不能通过自身而被清晰认识的事物。根据同样的方式，个体也会因为不能通过自身被认识，而处于被动的状态。但在此，我想讨论的只是人类的思维问题，所以不对此做过多的解释。

论点四：任何事物只能被自身之外的事物所破坏。

论据：这个论点很明显。因为万物的定义中都肯定该事物的本质，换言之，事物的定义建立了事物本质的假设。因此，只要我们从事物自身来看，而不考虑其他外界因素，我们不会发现任何能破坏该事物的东西。

论点五：万物天生就具有对立性，也就是说，多个事物不可能存在于同一个对象之中，因为一个物体会破坏另一个物体。

论据：假如多个物体能共存于同一个对象中，而这个对象中的某个事物能毁灭这个对象，但是根据前面的论点，这是荒唐的。

论点六：万物，就自身而言，努力维持自身的存在。

论据：根据第一部分论点二十五的推论，个体以某种特定的方式体现了神的属性，也就是说，根据第一部分论点三十四，个体以特定的方式体现了神的力量。既然任何事物都不包含能毁灭自身。或使自身不存在的事物。因此，万物，就自身而言，努力维持自身的存在。

论点七：万物努力维持自身的存在的，不是别的，正是事物的客观本质。

论据：根据第一部分论点三十六，跟从任何事物的本质，都必然会产生一定的结果；根据第一部分论点二十九，任何事物除了按照一定的本性产生结果外，不能做出别的东西。因此，任何事物的行为、无论是自身单独或与它物合作，根据此部分论点六，都努力维持着自身本质的存在。

论点八：事物维持自身存在的努力，在时间上是无限的。

论据：如果这种努力的时间是有限的，那么就决定事物的存续期，努力只有在事物存在的时候才有，超越了时间期限后，事物也不存在了，必须被毁灭。但是根据此部分论点四，这是荒唐的。因此，事物维持自身存在的努力，在时间上是无限的。但是，反之，根据此部分论点六，事物赖以存在的力量，除非被外界因素所破坏，将无限存在。

论点九：思维无论是具备清晰的、或是混乱的观念，永远努力维

持自身的存在，而且思维对这种努力是有意识的。

论据：根据此部分论点三，思维的本质是由充分的和不充分的观念构成的，因此，根据此部分论点七，无论思维具备充分的或是不充分的观念，都努力维持自身的存在，根据此部分论点八，这种努力的存在时间是无限的。根据第二部分论点二十三，思维能够通过人体变化的观念感知到自身，因此，根据此部分论点七，思维对自身的努力是有意识的。

注释：当这种努力只相对思维而言，称之为意志；当这种努力与思维和人体共同相关时，称之为冲动，冲动不是别的，事实上就是人的本质，人为了维持存在，必然要遵循自然的规律去获得生命赖以延续的事物。其次，冲动和欲望并没有什么区别，只是欲望这个词通常用以描述人类，人类对自身的冲动是有意识的，或许由此可以定义欲望：欲望是一种有意识的冲动。我们不断追求、欲求、希望得到某个事物，不是因为我们认为该事物好；而是正好相反，我们是因为追求、欲求、希望得到某个事物，才觉得该事物好。

论点十：如果某个观念排除了人体的存在，那么这个观念肯定不会存在于我们的思维之中；反之，也是同样的道理。

论据：根据此部分论点五，任何能破坏我们人体的事物，都不能存在于人体之内。因此，这样的事物的观念也不会存在于神之内，因为根据第二部分论点九的推论，神包含我们人体的观念。根据第二部分论点十一和十三，也就是说，这样的事物的观念不可能存在于我们的思维之中；反之，既然构成思维本质的首要因素是客观存在的人体的观念，所以我们的思维的首要和主要努力，是维持人体的存在；因此，某个否定人体存在的观念，与我们的思维是对立的。

论点十一：任何事物的增加或减少，会促进或阻碍人体的行为能力；由此，该事物的观念的增加或减少，会促进或阻碍人体的思维能力。

论据：根据第二部分论点七，或者第二部分论点十四，这个论点很明显。

注释：由此我们看到，思维会经历许多变化，从而有时表现出较好的状态，有时表现出较弱的状态。这些被动状态的转变，让我们理解了快乐和痛苦等情感。在下面的论点里面，我会指出，快乐是一种思维从被动转化到更主动的、更好的状态，痛苦是一种思维从主动转化为较差的状态。其次，当快乐与人体和思维联系在一起时，称为激励或欢乐；同样，当痛苦与人体和思维联系在一起时，称为苦难或忧郁。但是，我们必须记住，当我们受到激励和苦难时，人体的较大部分受到影响；当我们欢乐和忧郁时，人体的所有部分都会受到影响。我在此部分论点九的注释中解释了什么是欲望；除了痛苦、快乐、欲望三种情绪外，我不认为还有其他的基本情绪。别的情绪事实上都是基于这三种情绪而产生的，我们在下面将加以阐述。但是现在，我想更清楚地解释此部分论点十的意思，这样我们就能更清晰地了解一个观念与另一个观念是如何对立的。

在第二部分论点十七的注释里，我们已经指出，构成思维本质的观念，只有人体存在，必然包含人体的观念。其次，根据第二部分论点八的推论和注释可知，思维的存在依赖于思维包含人体的存在这一点。根据第二部分论点十七、十八及其注释，思维想象和记忆事物的能力，也完全依赖于思维包含人体的存在这一点。由此可以推出，只要思维不再肯定人体的存在，那么思维的存在与想象能力也就消失了。但是，根据第三部分论点四，思维否定人体存在的原因，不是源于思维本身，也不是源于人体的不复存在；因为根据第二部分论点六，思维之所以肯定人体存在的原因，并不在于人体的存在；所以同理，思维不会因为人体的不存在，而否定身体的存在。但是根据第二部分论点八，存在着某个排斥人体存在的观念，这与构成思维本质的观念相对立。

论点十二：思维尽力去想象那些有助于提高人体行为能力的事物。

论据：只要人体受到外界物体的影响，根据第二部分论点十七，人类的思维就会认为那个外界物体是客观存在的，由此，根据第二部分论点七，只要人类思维认为某个外界物体是客观存在的，也就是说，根据第二部分十七的注释，人类的思维就会认为，人体受到了这个外界物体的影响，这种影响的模式涉及这个外界物体的性质。因此，只要思维感知到能增加或有助于人体的行为能力的事物，根据第三部分假设一，人体必定受到了某种能增加或有助于提高人体行为能力的影响。因此，根据第三部分论点十一，思维的思考能力在那段时间里得到了增强或帮助。根据第三部分论点六和论点九，思维会尽自身的努力去想象这样的事物。

论点十三：当思维感知到减弱或阻碍人体行为能力的事物时，它会努力去回忆那些排除了这些事物的存在的事情。

论据：只要思维感知到了任何与减弱或阻碍人体行为能力的事物时，在思维感知到其他的能排除这些事物的存在的事物前，它会继续想象这些事物；也就是说，思维和人体的力量会被减弱、被限制，直到思维感知了能排除之前说的事物的存在时。因此，根据第三部分论点九，思维会努力去回忆那些排除了这些事物的存在的事情。

推论：由此推出，思维会有意识地避免想象那些能减弱或限制思维和人体力量的事物。

注释：根据我们所说的，我们或许能清楚地理解爱和恨的性质。爱是对外界因素的观念所持的快乐态度；恨是对外界因素的观念所持的痛苦态度。我们进一步能知道，一个人爱某个人，就必然会努力把他留在身边；然而，如果某个恨一个事物，就会努力破坏这个所恨的对象。但对于这些问题，我会在后面进行更详细的阐述。

论点十四：如果思维在同一时刻受到两种情感的影响，那么事后它被其中一种情感所影响时，也必然同时被另一种情感所影响。

论据：如果人体同时受到两个物体的影响，那么事后，思维无论何时感知到其中一个事物时，根据第二部分论点十八，思维就会立刻想起另一个事物。根据第二部分论点十六的推论二，思维的概念体现的是人体的情感，而不是外界物体的性质。因此，根据第三部分概念界定三，当人体及思维同时受到了两种情感的影响时，那么事后它被其中一种情感所影响时，也必然同时被另一种情感所影响。

论点十五：任何事物，都可能偶然地成为快乐、痛苦或欲望产生的原因。

论据：假设思维同时受到了两种情感的影响，其中一种情感既不会增强，也不会减弱思维的能力；另一种情感要么会增强，要么会减弱思维的能力。通过前面的论点明显可知，当思维事后通过真实的原因，受到其中前一种情感的影响时，后一种情感必然也会受到影响，从而增强或减弱了思维的能力，根据第三部分论点十一的注释，思维会受到快乐或痛苦的影响。因此，两种情感中的前一种，不是通过自身，而是偶然地成为了快乐或痛苦的原因。同样的道理，一个事物可能偶然地成为欲望产生的原因。

推论：从我们认为某个事物带有快乐或痛苦的情感的简单事实来看，虽然这个事物不是情感的直接原因，我们也爱或恨这个事物。

论据：因为，根据第三部分论点十四，思维事后想到某事物时，会带有快乐或痛苦的情感；也就是说，根据第三部分论点十一的注释，思维和人体的力量曾受到过增强或减弱的影响。所以，根据第三部分论点十二，思维或许欲求或避免这个概念；换言之，由此思维会产生爱或恨。

注释：由此，我们理解了，为什么我们会毫无原因地爱或恨一个事物，俗话说，就是出于同情或反感。此外，还有许多事物使我们高兴或痛苦的原因，仅仅是它们与某些以同样方式影响过我们的那些事物相似，我们把它们也归为同类。在下一个论点里面我说对此加以阐述。我意识到某些最早提出了“同情”和“反感”词语的作家，意在暗示事物具备某些玄妙的属性，而我用这些词，是为了表示事物的人尽皆知、显而易见的属性。

论点十六：如果某个常引起我们痛苦情感的物体，与另一个会引起我们快乐情感的事物，存在某些相似之处，即使这种相似点并不是情感产生的有效原因，我们还是会对此物体产生爱或恨。

论据：根据假设，这种相似点存在于物体中，当我们对相似点产生爱或恨，根据第三部分论点十五，当思维被这样的形象影响时，就会直接被一种或其他的情感影响，从而我们认为具备这些相似点的事物，会偶然得成为快乐或痛苦的原因。因此，根据前面的推论，即使两个物体的相似点并非是情感产生的有效原因，我们还是会对此物体产生爱或恨。

论点十七：如果我们感知到会带给我们伤害的事物，与某个会带给我们快乐的事物，存在一些相似点，那么，我们对于第一个事物，既有恨、也有爱。

论据：根据假设，我们认定这个事物自身是痛苦的原因，所以我们会恨它。其次，因为我们认为，它与一个会给我们带来快乐的事物存在相似点，所以根据第三部分论点十六，我们会对它怀有同等程度的喜爱。因此，我们对此物既爱又恨。

注释：思维的这种源于两种对立情感的状态，称为犹豫。它与情感的关系，根据第二部分论点四十四的注释，与疑惑与想象的关系一样。犹豫与疑惑除了程度上的差别外，并没有其他的差别。但是，我们必须记住，我是从偶然成为其他情感的原因中推出了犹豫这个概念。我这么做的原因是，从上述论点中较容易推出这种情感，并不是因为我否认这种犹豫源自于某个，是两种情感的有效原因的物体。根据第二部分假设一，人体是由多种性质不同的个体构成的，因此，会受到同一个物体的许多不同方式的影响。反之，既然同一个事物会受到不同方式的影响，这个事物也能通过不同的方式影响人体的某个部分。由此我们知道，同一个物体或许是许多互相矛盾的情感产生的原因。

论点十八：某个事物过去的，或是将来的形象，与事物现在的形象一样，给人们带来同种程度的快乐或痛苦。

论据：人只要受到了某事物的形象的影响，就会认为这个事物是存在的，根据第二部分论点十七及其推论，即使事物不复存在了，他也不会把此事物当作是过去的或是将来的，根据第二部分论点四十四的注释，事物的形象与过去或将来的形象相联系时例外。因此，就单独考虑事物自身的形象时，无论是从过去、现在或将来的时间维度看，都是统一的。也就是说，根据第二部分论点十四的推论，人体的情感对于事物的形象，无论是在过去、现在或是将来，都是一致的。因此，某个事物过去的、或是将来的形象，与事物现在的形象一样，给人们带来同种程度的快乐或痛苦。

注释：我所说的过去的或是将来的事物，是根据我们是否已经受到这个事物的影响而言的。例如，我们是否已经看到过、娱乐过一个事物，或是受到某事物的伤害。所以，当我们感知到这个事物时，就会肯定它的存在；也就是说，人体没有受到否定此事物存在的情感影响。因此，根据第二部分论点十七，无论事物是否客观存在，人体都会受到事物的形象的影响。然而，日常生活中，那些有丰富经验的人，一旦把某事物判断为是属于将来的或是过去的，就变得犹豫不决，对事情本身也产生怀疑。所以，由这些类似的形象或事物产生的情感，并不是持续不变的，这种情感常常会受到其他事物的形象的影响。直到这个人肯定这件事情之前，他的情感都会发生波动。

注释二：根据我们刚才说的，我们理解了这些词的涵义：希望、恐惧、自信、绝望、欢乐、失望。希望是一种源自于将来或过去事物形象的变化无常的快乐，我们对事情还没有任何了解。恐惧，是从另一个角度来说的，是源自于我们怀有疑惑的事物形象的变化无常的恐惧。如果情感中的这种疑惑因素被消除了，希望就会自信，恐惧变成绝望。换言之，快乐或痛苦，源自于我们所希望或恐惧的事物形象。再则，欢乐是一种源自于，对过去的、带有疑问的事物形象的快乐。失望是一种与欢乐正好相反的痛苦。

论点十九：当某人感到自己所爱的事物被毁坏时，会感到痛苦；如果他感到这个事物受到保护时，他会感到快乐。

论据：根据第三部分论点十二，思维会努力去设想那些有助于增加人体行为能力的事物。换言之，根据第三部分论点八的注释，思维喜欢这样的事物。但是根据第二部分论点十七，对事物形象存在的肯定可以强化概念，反之，排除事物存在的肯定会削弱概念。因此，肯定某个钟爱的物体的事物，有助于思维努力设想这个所爱的物体，换言之，根据第三部分论点十一的注释，会给思维带来快乐。反之，那些排除了所爱物体存在的事物，会阻碍前面所说的那种努力，换言之，会给思维带来痛苦。因此，当某人感知到自己所爱的物体受到毁坏时，会感到痛苦。

论点二十：当某人感到自己所恨的物体遭到毁坏时，会感到快乐。

论据：根据第三部分论点三，思维会努力设想，那些否定减弱人体行为能力的事物存在的事物，也就是说，根据第三部分论点三的注释，思维会努力设想那些否定自己所恨事物存在的事物。因此，否定思维所恨事物存在的事物形象，有助于加强思维的努力，换言之，根据第三部分论点十一的注释，会给思维带来快乐。因此，当某人感到自己所恨的物体遭到毁坏时，会感到快乐。

论点二十一：当一个人感知到自己所爱的对象快乐或痛苦时，他也会随之快乐或痛苦起来；他如果爱的程度越深，他的情感受影响的程度也就越大。

论据：我们在第三部分论点十九中指出过，肯定所爱事物存在的事物形象，能够有助于思维努力去设想这个事物。他如果爱的程度越深，他的情感受影响的程度也就越大。这是我们要说的第一点。其次，某个事物感受到的痛苦越大，它遭到的破坏程度也就越高。因此，当一个人感知到自己所爱的对象快乐或痛苦时，他也会随之快乐或痛苦起来；他如果爱的程度越深，他的情感受影响的程度也就越大。

论点二十二：如果我们感知到某个事物，为我们所爱的对象带来了快乐，那么我们也会对那个事物产生爱意。相反，如果我们感知到某个事物，对我们所爱的对象带来了伤害，那么我们会对那个事物产生恨意。

论据：如果某人给我们所爱的物体带来快乐、或痛苦，我们也会感到同样的快乐或痛苦。但是根据第三部分论点十三的注释，这种快乐或痛苦是伴随着外界因素的观念产生的。因此，如果我们感知到某个事物，为我们所爱的对象带来了快乐，那么我们也会对那个事物产生爱意。相反，如果我们感知到某个事物，对我们所爱的对象带来了伤害，那么我们会对那个事物产生恨意。

注释：论点二十一向我们解释了同情的性质，同情可以界定为源于别人的伤痛的痛苦。至于用什么词来表示源于别人收获的快乐，我不知道。我们把对赐予别人利益的人的爱，称为赞赏；对伤害别人的人的恨，称为愤慨。我们必须指出，我们不仅同情我们所爱的事物，我们同样也同情日常我们不带有任何情感的事物，例如，我们感到的某个与我们自己存在相似点的事物。因此，对于曾经为所有与我们相似的事物带来利益的事物，我们对之给予赞赏。反之，我们对之报以愤慨。

论点二十三：当一个人感知到他所恨的对象受到伤害时，他就会

感到快乐。相反，如果这个事物受到了积极的影响，他就会感到痛苦。这种情感的程度与这个人对这个对象的爱或恨的程度成正比。

论据：当所恨的对象遭到痛苦的影响时，意味着它被毁灭了，根据第三部分论点十一的注释，痛苦的程度越高，遭到毁灭的程度就越大。因此，根据第三部分论点二十，某人感到自己所恨的对象遭到痛苦时，他就会感到快乐，快乐程度与对象的痛苦程度成正比。这是我们要说的第一点。再则，快乐源自于受到快乐影响的事物的存在。如果某个感到他所恨的事物受到了快乐的影响，那么根据第三部分论点十三的概念，这将阻碍他努力寻求快乐的努力。换言之，他会感到痛苦。

注释：这种快乐很难是纯粹的，不产生任何精神上的冲突。因为，当某人想象着与自己相似的事物受到痛苦的影响时，他也会受到同样的影响。反之，当他想象着同类快乐时，他也会感到快乐。但是，在这里我们只考虑前一种情况。

论点二十四：如果我们感知到，某人给我们所恨的对象带来了快乐，那么我们也会恨这个人。如果我们感知到，某人给我们所恨的对象带来了伤害，那么我们就会爱这个人。

论据：这个论点的证明方法与论点二十二的相同。

注释：这种及类似的与恨相关的情绪，都属于嫉妒之情。嫉妒不是别的，而是恨，表现为：当别人受伤时，某人感到快乐；别人快乐时，他感到痛苦。

论点二十五：我们努力去肯定给自己、或我们爱的对象带来快乐的事物。相反，我们努力否定给自己、或我们爱的对象带来痛苦的事物。

论据：根据第三部分论点二十一，当我们感到我们所爱的事物受到快乐或痛苦的影响时，我们也会受到同样的影响。但是，思维会努力想象那些能为我们带来快乐的事物，换言之，思维努力把它们当作是存在的。反之，根据第三部分论点十三，思维会努力否定那些，给我们带来痛苦影响的事物。因此，我们努力去肯定我们自身和我们所爱的事物，以及所有会给我们或我们所爱的事物带来快乐的事物。

论点二十六：我们努力想象着让所有的事物，对我们所恨的事物带来伤害；相反，我们不想让所有的事物，对我们所恨的事物带来快乐。

论据：就像前一个论点是根据论点二十一推出的一样，这个论点是根据论点二十三推出的。

注释：由此可知，人为什么会对自己或自己所爱的人给予较高的评价，而相反，对自己所恨的人贬低至极。这种感觉称为傲慢，自以为是，可以说是疯狂症的一种，白日做梦，以为能完成所有自己概念范围内的事情，并由此以为这些事情都是真实的，引以为乐。因为他想象不出，任何能够否定这些事情存在和限制它们行为能力的力量。因此，傲慢是一种源自于对自己评价过高而产生的快乐。这种由于对自己评价过高而产生的快乐，叫作自傲；而由于贬低别人产生的快乐，叫作轻蔑。

论点二十七：某个与我们相似的、我们对之不带任何情感的事物，我们感知到它受到某种情感的影响，那么我们也受到了类似情感的影响。

论据：根据第二部分论点十七，事物的形象是人体对外界物体的存在的观念的感想；换言之，根据第二部分论点十，这些观念涉及了人体的性质，同时，也涉及了外界物体的性质。因此，如果外界物体的性质与人体的性质相似，那么我们对外物形成的观念，将涉及我们的感想。因此，如果我们想象着与我们相似的人产生了某种情感，表现出来就是人体的一种感想，这与人的情感一样，因为我们想象着与同类拥有同样的情感。反之，如果我们恨某个与我们相同的对象，那么根据第三部分论点二十三，我们受到的影响将与这个对象受到的影响相反、而不是相似。

注释：这种情感的模仿，与痛苦相关时，叫做“同情”；当与欲望相关时，叫做“好胜”，好胜不是别的，是对任何事情的欲望，其原因在于我们想象着别人也对此事物有同样的欲望。

推论一：当我们想象一个我们不怀任何情感的人，为与我们相似的事物带来快乐时，我们也会对他产生爱意。相反，如果我们感觉到，此人给与我们相似的人带来的是痛苦，那么，我们就会对此人产生恨意。

论据：像从论点二十一推出论点二十二一样，这个推论能够从前面的一个论点推出。

推论二：我们对于自己同情的事物，不会产生恨意，因为这个事物的不幸让我们感到痛苦。

论据：如果我们因为这个原因而恨这个事物，那么我们应该把它的痛苦当成自己的快乐，而这与我们的假设是对立的。

推论三：对于我们同情的事物，我们努力想帮它脱离不幸。

论据：根据前面的论点，给我们所同情的物体带来痛苦的事物，会对我们产生同样的影响。因此，我们会努力去想一些能否定这个事物存在的事情。换言之，根据第三部分论点九，我们力求毁灭这个事物，否则，我们会被它毁灭。因此，我们会努力帮我们所同情的事物脱离不幸。

注释二：我们行善的冲动，源自于我们对事物的同情之心，称为“仁爱”，仁爱不是别的，是由怜悯产生的帮助别人的欲望。

论点二十八：我们努力想要任何感知到的会给我们带来快乐的事物；相反，我们会努力消除或破坏不一致的、给我们带来痛苦的事物。

论据：根据第三部分论点十二，我们努力去想象那些能带来快乐的事物，换言之，根据第二部分论点十七，我们会努力想象着这些事物是客观存在的。但是思维的这种努力，或者说是思想的思维能力，是与人体或人体的行为能力的努力是一致的。因此，我们绝对会努力去设想它的存在，也就是说，根据第三部分论点九，我们渴望得到它。这是我们要证明的第一点。再则，如果我们感知到某个事物是痛苦的源头，那么根据第三部分论点十三的论据，我们所恨的事物被毁灭时，我们会感到快乐。因此，我们会努力去毁灭或远离这些事物，我们也不会认为它是存在的。这是我们要证明的第二点。

论点二十九：我们会努力去做为大家带来快乐的事情，相反，我们会躲避那些大家都不愿做的事情。

论据：当我们想象着人们所爱或恨的事物时，根据第三部分论点二十七，我们同样也爱或恨此事物。也就是说，根据这个事实，我们对这些事物的存在，或许感到快乐、或许感到痛苦。因此，我们会努力去做为大家带来快乐的事情。

注释：仅仅是抱着取悦某人的目的，而努力去做或者不做某件事情，称之为野心；特别是当我们有强烈的欲望去努力取悦大众时，以至于我们做或不做某件事情，导致对自己或别人的伤害。除此之外的其他情形称为厚道。当我们感到某人的行为是为了取悦我们时，我们会感到快乐，叫作称赞。反之，当我们讨厌某人的行为时，我们会感到痛苦，叫做责备。

论点三十：如果某人感知到自己做的事情为别人带来快乐，那么他也会快乐，因为他知道自己是大家快乐的原因。相反的，如果他感到自己做的事情给别人带去了伤害，他自己也会痛苦。

论据：当某人感到自己对别人产生了快乐或痛苦的影响时，那么，根据第三部分论点二十七，他自身也会受到快乐或痛苦情感的影响。但是，根据第二部分论点十九和二十三，人能够通过决定自身行为的变化意识到自己，所以，当人感知到自己对别人产生快乐的影响时，他自己也会感到快乐，同时他知道自己是大家快乐的原因。反之，痛苦的情形也遵循同样的道理。

注释：根据第三部分论点十三，爱源自于外界因素的观念的一种快乐，恨是源自于外界因素的观念的一种痛苦；这里所提到的快乐和痛苦，是爱和恨的其中一个种类。但是，当爱和恨的词语用于外界物体时，我们将用其他的名词来指代我们要讨论的情感：由外界因素的观念导致的快乐，定义为荣耀；与此相反的，称为耻辱。当快乐或痛苦是源自于人的信念时，我们说这个人受到了表扬或责备；而当快乐是源自于外界因素的观念时，称为满足；相反，如果是痛苦，称为后悔。再则，根据第二部分论点十七的推论，当某人感到自己给别人带去快乐时，或许这种快乐只是停留在他的想象里，根据第三部分论点二十五，人都会努力去想象那些能给自己带来快乐的事物，所以，这个人或许会很自豪，以为自己为所有人带去了快乐，但是事实上并不是这样，或许在现实中，他遭到众人的厌恶。

论点三十一：如果我们感到别人对我们所爱的、渴望的或是恨的事物也抱相同的态度，那么我们就会对此事物的爱、渴望或恨更加坚定。相反的，如果我们感到别人远离我们所爱的事物，那么我们的灵魂就会遭到摇摆不定的精神煎熬。

论据：根据第三部分论点二十七，当我们感到任何人都爱某个事物，我们也会爱那个事物；但是现在我们假设，我们先爱这个事物，从而想象着别人也爱这个事物；所以我们对这个事物的爱，又有了一个新的原因，我们因此对这个事物的爱更加强烈。同理，如果我们感到某人讨厌某个事物，我们就会远离此事物；但是现在，我们假设我们爱这个事物，那么我们既爱它也恨它，换言之，根据第三部分论点十七的注释，我们的情感就会波动、犹豫不决。

推论：根据前一个论点和第三部分论点二十八可知，所有人都努力地想让别人爱他所爱的事物，恨他所恨的事物。就像诗人所说的，“相爱的人，分享每一个希望和每一个恐惧；只有心如磐石的人，才会爱别人所遗弃的事物”。

注释：这种想让别人赞同自己的爱好或厌恶的努力，就是我们在第三部分论点二十九的注释中所提到野心。由此我们可知，每个人生来就想要别人遵从自己的想法生活：当每个人都拥有相同程度的这种欲望时，那么人人都是对方的绊脚石；如果人人都希望得到别人的爱或赞扬，而事实上这不可能，所以互相之间就会产生恨意。

论点三十二：某个只能为一个人拥有的事物，如果任何人垂涎于此事物，那么我们就会竭力使这个人不能占有此事物。

论据：根据第三部分论点二十七及其推论可知，如果我们感到某人想要享受某物，我们也会爱上这个事物，并且也想要享受这个事物。但是，这种快乐会由于别人享受此物而减弱，因此，根据第三部分论点二十八，我们会努力阻止这个人占有此物。

注释：由此可知，人的天性就是同情那些失意者，而妒忌得意者。根据前一个论点，如果某人对别人占有的事物的爱越深，那么他由此产生的妒忌和恨也就越强烈。其次，根据人的同一个特性，我们可以看出，人会产生同情心、妒忌心或野心。最后，如果我们想从经验中吸取教训，那么我们会发现，我们的经验也赞同这种说法，特别是儿时的经历。因为儿童的身体似乎总是处于平衡的状态，他们笑或哭，完全是因为看到别人在笑或哭。另外，当他们看到别人做什么事情时，他们就会立刻模仿，凡是他们认为能取悦别人的事情，他们都想做。因为事物的形象，我们在之前说过，是人体的感触，或是人体受到外界因素影响而倾向于做某事的状态。

论点三十三：当我们爱一个与我们相似的事物时，我们想要这个事物也同样爱我们。

论据：根据第三部分论点十二，对于我们所爱的事物，我们会努力想象着这个事物好于所有其它的事物。如果这个事物与我们相似，根据第三部分论点二十九，我们会努力给这个事物带去快乐。换言之，我们努力想要使我们所爱的事物感到快乐，并且伴随着我们自身的观念，根据第三部分论点十三的注释，我们想要这个事物也同样爱我们。

论点三十四：某个我们所爱的事物对我们影响越强，我们就会感到更满足。

论据：根据第三部分论点三十三，我们努力想要我们所爱的事物也爱我们，换言之，给我们所爱的事物带来快乐的原因，必定与我们自身的观念有关。因此，如果我们所爱的事物越快乐，而我们又是这种快乐产生的原因，那么我们的这种努力也就越强。也就是说，根据第三部分论点十一及其注释，我们也会更快乐。根据第三部分论点三十，当我们给与我们相似的事物带去快乐时，我们自己也会由此感到快乐。因此，某个我们所爱的事物对我们影响越强，我们就会感到更满足。

论点三十五：当某人感到自己所爱的事物，与另外的事物有更密切的友谊；那么他就会对自己深爱的事物产生恨意，同时对自己的对手产生妒忌。

论据：根据前一个论点，当某人感到自己所爱的事物，对自己的爱越深时，他由此感到的自我肯定也就越强，根据第三部分论点三十的注释，这种自我肯定即他的快乐。因此，根据第三部分论点二十八，他会努力想象着自己与这个事物有着最密切的联系。根据第三部分论点三十一，如果他感到别人也有这种欲望时，这种努力或欲望就会加强。这种努力或欲望是基于这么一种假设，自己所爱事物的形象与别人所爱的事物的形象联合到了一起，因此，根据第三部分论点十一的注释，他会因此感到痛苦。根据第三部分论点十三和十五的推论，他会对自己所爱的事物和他的对手充满恨意，他对后者更多的是一种羡慕，因为对手分享了他所爱的事物。

注释：当对心爱的事物同时充满爱和羡慕时，叫做妒忌，是一种由爱和恨混杂在一起的、摇摆不定的情感，这种情感必然伴随对某种对手的羡慕。再则，他的对手从他心爱的事物所获得的快乐越多，他对此物的恨就越大。如果他先前就恨对手，那么他就会恨对手所爱的事物，因为他感到他所恨的人为这个事物带来了快乐，因为他被迫把自己心爱事物的形象与他所恨的人的形象联系在一起。这种情境往往发生在对某个女人的爱上：当他认为他所爱的女人失身于别人时，他会感到痛苦，不仅是因为他的欲望受到了限制，还因为他被迫把她的形象与另一个人的身体联系在一起，他因此要远离她。这个嫉妒的男人，从此不可能再从心爱的人那里得到与以前相同的恩宠，这对于他来说，作为一个爱人，他会感到痛苦，我将在下面阐述这一点。

论点三十六：当某人想起自己曾经想要得到的事物时，就会像第一次一样，对此事物又产生占有的欲望。

论据：根据第三部分论点十五，当某人看到某个与自己心爱的物体同时看见过的事物时，根据第三部分论点十五，这个事物会偶然成为他快乐的原因。因此，他想占有它和他曾享受过的事物；换言之，就像第一次从中得到快乐一样，他会想再次占有他心爱的事物。

推论：由此推出，一个恋爱中的人，如果发现以前情形中的一个人消失了，他会感到痛苦。

论据：因为当他发现某个情形中缺少了什么，他会认为是由于某种事物排斥他心爱事物的存在。根据上一个论点，他想占有那个情形下的一切，但是现在他发现某个元素消失了，所以他会感到痛苦。

注释：这种源自于心爱事物消失了的痛苦，称为遗憾。

论点三十七：欲望源于痛苦或快乐，恨或爱，这种情感越强，欲望也就越强烈。

论据：根据第三部分论点十一的注释，痛苦会减弱或限制人的行为能力，换言之，根据第三部分论点七，他努力维持自身存在的努力也会减弱或受到限制。因此，根据第三部分论点五，痛苦与维持自身存在的努力是相反的。因此，如果某人感到痛苦，他必然要努力除去痛苦。根据痛苦的定义，痛苦越深，那么用来除去痛苦的力量就需更大，所以他努力除掉痛苦的行为力量就越大。也就是说，根据第三部分论点九的注释，他努力想要除掉痛苦的欲望或冲动就越强。再则，根据第三部分论点十一的注释，增加快乐或人体行为能力，也可以用同样的方法加以证明，一个快乐的人除了想要维持快乐外，没有别的欲望，这种的欲望的强烈程度，与他所享受到的快乐程度成正比。最后，因为恨或爱代表了痛苦或快乐的情感，所以恨或爱越强烈，由恨或爱产生的努力、欲望或冲动就越强。

论点三十八：当某人开始恨自己所爱的事物时，说明爱已经完全被破坏了；他对此事物的恨，将比如果他从来没有爱过此事物，来得更强烈；这种恨的程度是与他之前的爱的程度成正比的。

论据：如果一个人开始恨他曾经爱过的事物时，相比从来没有爱过这个事物来说，他受到限制的欲望要更多。因为根据第三部分论点十三的注释，爱是一种人努力想维持的快乐，他因此会把心爱的事物当成是客观存在的，他会努力为它带去快乐，爱得越深，这种努力就越大。根据第三部分论点三十三，他同时也希望心爱的事物能给予他同样多的回报。现在他的这种努力被恨所限制了，因此，根据第三部分论点十一的注释，给予爱的人也会因此感到痛苦。之前爱得越深，痛就越深，就是说，除了由恨产生的痛外，还有一种由爱产生的痛，因此，给予爱的人的痛会更深一些，换言之，由此产生的恨相比从来没有爱过的情形会更强烈，如果这种爱越深，此时产生的恨也就越深。

论点三十九：人会努力想要伤害自己所恨的人，除非他害怕这种

伤害会波及自身；相反的，如果他爱某个人，遵循同样的逻辑，他会努力帮助这个人。

论据：根据第三部分论点十三的注释，人之所以恨一个人，是因为他认为这个人是痛苦产生的原因，因此，如果恨一个人，他就会努力消灭这个人。但是，如果他害怕因此会产生更深的痛苦或更大的伤害会波及自身，同时他认为如果不伤害这个人，就可以避免自身受伤害，那么根据第三部分论点二十八，他就会选择不去伤害这个人，而且根据第三部分论点三十七，此时他不去伤害别人的愿望，比先前要伤害别人的欲望会更强。这是对论点第一部分的论证。论点第二部分的论证可以用同样的方法。人会努力想要伤害自己所恨的人，除非他害怕这种伤害会波及自身；相反的，如果他爱某个人，遵循同样的逻辑，他会努力帮助这个人。

注释：善是指一切的快乐以及能带来快乐的一切事物，特别是那些能够满足我们愿望的事物。恶是指一切的痛苦，尤其是指那些阻碍我们实现愿望的事物。因为我们在第三部分论点九的注释中已经指出，我们并不是因为某个事物好才想得到它，相反，我们是因为想要某个事物才觉得它好。因此，我们所讨厌的所有事物都称为恶。每个人根据自己的情感，判断或估量着什么是善、什么是恶、什么较好、什么较差、什么最好、什么最差。因此，一个守财奴会认为拥有大量的金钱是最好的、缺乏金钱是最差的；一个有野心的人最渴望得到的是荣耀，最害怕的是耻辱；一个心怀妒忌的人，没有什么比别人的失意使他更开心，没有什么比别人得意使他更痛苦。所以，每个人根据自己的情感，判断事物的好与坏，有用或无用。使人不敢要自己想要的东西、或只敢要自己所不想要的东西的情感，叫做懦弱。懦弱是一种对将来可能遇到的灾害的畏惧。如果畏惧的灾害是羞耻，这种畏惧称为害羞。如果躲避某个灾害的欲望，被另一个畏惧的灾害所限制，那么，这个人就会不知道自己想要什么，这种畏惧称为惊惶失措，这种情感往往在两种灾害都很大的情形下产生。

论点四十：如果某人感到有人恨他，而他又相信自己并没有令他生恨的原因，那么同样的，他也会恨这个人。

论据：如果某个感到别人怀有恨意，那么根据第三部分论点二十七，他也会怀恨。这就是说，他会感到痛苦，这种痛苦伴随着外界因素的观念。但是，根据假设，他产生痛苦的原因是他的敌人，因此，他感到某人恨自己，所以他会痛苦。换言之，他也会恨他的敌人。

注释：如果他认为别人恨他是有理由的，那么，根据第三部分论点三十及其注释，他会感到羞愧。但是，根据第三部分论点二十五，这种情形是很少会发生的。根据第三部分论点三十九，两个人之间的恨，是起源于由恨而产生害人想法的人。因此，如果某人想着有人恨他，那么他会把敌人想象成是痛苦产生的原因，换言之，他会对敌人怀恨在心。

推论一：假如某人感到他所爱的人恨他，那么他会同时被爱和恨两种情感所困扰。因为根据第三部分论点四十，当他感到有人恨他时，他会努力去报复他。但是根据假设，他也爱对方，所以他会同时被两种情感困扰。

推论二：如果某人感到一个与他没有恩怨的人，因为恨他而做了一些伤害他的事，那么他会马上用同样的方式去报复这个人。

论据：根据第三部分论点四十，如果某人感到有人恨他，他也会恨那个人。根据第三部分论点二十六，他会努力想办法做使那人感到痛苦的事情。在这种情况下，他想到的第一件事情是自己所受的伤害，因此，他会用同样的方式来报复敌人。

注释：这种想方设法去伤害我们所恨的人的努力，称为愤怒；这种想方设法报复伤害过我们的人的努力，称为报仇。

论点四十一：如果某人感到有人爱他，而他又相信自己并没有令他生爱的原因，那么同样的，他也会爱这个人。

论据：这个论点可以通过与上面相同的方法加以论证，并同时参照论点的注释。

注释：如果某人感到别人爱他是有原因的，那么，根据第三部分论点三十及其注释，他将会以此为荣耀。根据第三部分论点二十五，这种情形发生的概率比其反面情况要大。换言之，根据第三部分论点三十九，这种相互间的爱、由爱产生的想帮助别人的努力，称为感激或感谢。由此可知，人们为什么急于报仇而推迟感谢了。

推论一：当某人感到自己所恨的人爱自己的时候，那么他会陷于恨与爱的烦扰之中。这个推论的证明方法与上一个论点的推论一相同。

注释：如果某人对另一个人的恨比爱更多，那么他会努力去伤害他。这种情感称为残酷，特别是当爱他的人并没有做任何对不起他的事情的时候，尤其残忍。

论点四十二：某人出于爱或尊敬而赠予别人好处，但是如果这个人对此并不感激，那么他就会感到自己的赠予是徒劳的。

论据：当某人爱一个与他相似的人时，根据第三部分论点三十三，那么他会想让那个人也同样爱他。因此，如果某人出于爱而给予任何人恩惠时，他也希望对方能同样以爱报答他。这就是说，根据第三部分论点三十四，他抱有一种得到赞扬或快乐的愿望。因此，根据第三部分论点十二，他会努力去想象这种赞赏的原因、或是认为这种赞赏是客观存在的。但是，根据假设，他感知到了某些排斥赞赏产生的原因的事物，因此根据第三部分论点十九，他会感到痛苦。

论点四十三：以仇报仇，只能使仇恨升级；但是从另一方面来说，爱能化解仇恨。

论据：根据第三部分论点四十，当某人感到他所恨的人以恨去报复他时，他会因此产生一种新的恨，而根据假设，原先的恨也仍然存在。反之，如果他感到他所恨的人以爱报答他，那么根据第三部分论点三十，他会感到快乐，根据第三部分论点二十九，他会努力去取悦那个人；这就是说，根据第三部分论点四十一，他会努力让自己不再恨他或伤害他。根据第三部分论点三十七，他的这种爱的强烈程度，与引起这种爱的情感程度成正比。因此，如果引起爱的情感强于恨，那么他的爱就会胜过恨，他思维中的恨也会消除。

论点四十四：如果恨被爱所征服，转化成爱，那么这种爱相比从来没有过恨更强烈。

论据：这个论点的证明方式与第三部分论点三十八的论证方法相同。因为，当某人对其他人的恨转化为爱时，他会因此得到快乐。根据第三部分论点十三的注释，这种由爱产生的快乐是一种新的快乐，它是建立在消除对所恨事物的痛苦的基础上的。

注释：即使是这样，也没有人为了获得这种更大的快乐，而先去恨一个事物感受痛苦，这就是说，没有人愿意自己受到伤害，而获得身心恢复健康后的快乐。因为，每个人都在努力保持自身的存在、努力消除自己的痛苦。假如某人为了将来更爱某个人，而欲求着先恨这个人，那么他将永远想着恨这个人。对一个人的爱是与他的恨的程度成正比的，所以为了痊愈后感受到更多的快乐，他会努力去恨那个人，而他感受到的痛苦也更强烈，因此他的痛苦也将永远持续下去。但是，根据第三部分论点六，这是荒唐的。

论点四十五：如果某人感到一个与自己相似的人恨自己所爱的事物，那么他就会恨这个人。

论据：根据第三部分论点四十，某人会恨那个恨自己的人，因此当某人感知到有人恨自己所爱的事物时，他会因为自己所爱的事物受到伤害而感到痛苦。这就是说，根据第三部分论点十三的注释，他会恨任何一个恨他所爱的事物的人。

论点四十六：如果某人受到了来自不同阶级或国家的陌生人的快乐或痛苦的影响，而这种快乐或痛苦被认定为是这个陌生人导致的，那么这个人不仅爱或恨这个陌生人，同样会爱或恨陌生人所属的整个阶级或国家。

论据：此论点根据第三部分论点十六可以推出。

论点四十七：欢乐源于我们所恨的事物遭到毁灭或伤害，不会伴随着任何痛苦。

论据：根据第三部分论点二十七，这个论点很明显。因为我们感到某个与我们相似的人受到伤害时，我们也会感到痛苦。

注释：这个论点也可以根据第二部分论点十七的推论推出。无论何时我们回忆起一些事物时，即使这些事物可能并不是客观存在的，我们还是会认为它是存在的，人体也会受到同样方式的影响。因此，只要我们对于某些事物的记忆还很深刻，人一想到这个事物时就会感到痛苦。只要这个事物的形象还存在，那么它还是会引起我们的伤痛。这种痛苦虽然可以通过回忆排除这个事物的存在，使事物略为减弱，但是这种痛苦不会彻底消失。因此，只有这种痛苦减弱了，我们才会感到快乐。也正因如此，当我们所恨的对象发生不幸时，我们会感到快乐，每回忆一次所恨的对象，我们就会快乐一次。因为，在前面我们曾说过，我们无论何时想到所恨的事物时，我们的痛苦情感就会被激发，由于我们想象着它是客观存在的，所以一想到它我们就会感到痛苦。但是，当我们想到能排除此事物存在的事物时，我们的痛苦就会立刻减少，从而获得快乐，每想一次，我们就会感到快乐一次。这也就是我们为什么喜欢回忆那些过去不幸的事情，为什么我们喜欢给别人讲我们的历险故事。因为我们每想到危险的境遇时，便会感到畏惧，但事实上，这种危险现在已经解除了，所以我们会感到快乐。

论点四十八：当我们知道我们对某物的爱或恨，与其它的原因相关，那么我们对它的爱或恨就会相应减轻，因为它并不是导致爱或恨唯一的因素。

论据：根据第三部分论点十三注释中关于爱与恨的定义可以推出这个论点。因为快乐是对某件事物的爱，而痛苦是对它的恨，这种情况下它是一种或另一种情感产生的唯一原因。如果它对某种情感的影响因素全部或部分被消除，那么对它的这种情感就会全部或部分消失。

论点四十九：我们对某个自由的事物的爱或恨，相比某个出于必要性而存在的事物的爱或恨，要强烈一些。

论据：根据第一部分概念界定七，一个真正意义上自由的事物，必然是通过自身被外界所认识的。因此，如果我们把它认为是快乐或痛苦的来源时，根据第三部分论点十三的注释，我们就会爱它或恨它。但是如果我们感到引起某种情感的事物是出于某种必然性而产生的，那么根据第一部分概念界定七，我们就不会把它认为是唯一的原因，而只是引起某种情感的原因之一，我们对此事物的爱或恨的程度也会因此有所减弱。

注释：由此推出，自认为自己是自由的人，他们相互之间的爱或恨会更强烈一些，此外，我们必须考虑到情感的模仿作用，关于这一点，请参照第三部分论点二十七、三十四、四十和四十三。

论点五十：任何事物，都可能偶然得成为希望或是恐惧的源头。

论据：这个论点的论证方式与第三部分论点十五相同，同时可以参照第三部分论点十八的注释。

注释：凡是偶然得成为希望或恐惧的源头的事物，成为好的或坏的预兆。根据第三部分论点十八注释中关于希望和恐惧的定义，既然预兆是希望或恐惧产生的原因，那么它们同样是快乐和痛苦的来源。我们由此会对它们产生爱或恨，并努力让它们成为实现希望或排除障碍的工具。其次，根据第三部分论点二十五，人生性就比较容易相信我们所希望的事物，而不接受我们所恐惧的事物，由此我们对这些事物的评估要么过高、要么过低。正因为如此，就产生了迷信。然而，在此我觉得没有必要指出希望和恐惧引发的不安心理，根据情感的定义可知，没有无恐惧的希望，也没有无希望的恐惧，关于这点，我会在适当的地方加以解释。另外，因为我们对某个事物怀有希望或恐惧，我们对之产生爱或恨，所以，人人都可以用希望和恐惧的概念，来理解我们之前所说的有关爱和恨的话题。

论点五十一：不同的人或许会受同一个物体的不同影响，同样

的，同一个人在不同时刻受到同一个物体的影响是不同的。

论据：根据第二部分的假设三，人体受到外界物体的多种方式的影响。因此，在同一时刻，两个人或许受到不同的影响，也或许受到同一个物体的不同影响。其次，人体有时受到一种方式的影响，而有时候或许在不同时刻受到同一个物体的不同影响。

注释：由此我们可知，为什么某人爱的事物，却是另一个人恨的对象；令某人恐惧的事物，别人却并不恐惧；为什么有些人以前恨一个事物，而现在却爱它；为什么以前不敢做的事情，现在却敢做了。根据第三部分论点三十九的注释，每个人按照自己的情感标准去判断善、恶、好、坏，所以人们意见的差异，正是源于情感判断标准的不同。如果我们要比较一些人的差异，我们只能通过他们的情感差异来分辨，称某些人是勇敢的、另一些人是懦弱的，还有其他许多的名词用以称呼其他人。例如，如果某人不害怕我们平日所畏惧的事情，我们说他胆子很大；如果某人加害于自己所恨的人、帮助自己所爱的人，我们会觉得他很有勇气。反之，如果某人与我们一样畏惧一些事情，我们称他很胆小；如果他有一些愿望，但是由于畏惧而不敢行动，我们称他是懦弱的。人们都用这样的方式来判断别人的行为，这种判断是变幻无常的、主观的，所以说人都是凭自己的感性认识来判断事物。根据第三部分论点二十八，如果人以为某个事物引起了快乐或痛苦，他就会努力加以促使或阻止，这些都是出于想象，且不说我们在第二部分里面提到的事物的变化性。由此可知，一个人有时感到快乐，有时感到痛苦，而原因就是他自己。由此我们很容易理解后悔和满足的涵义了，后悔是自身导致的一种痛苦，满足是自己导致的一种快乐，根据第三部分论点四十九，这些情感是最强烈的，因为人们认为自己是自由的。

论点五十二：某个我们看见过的与其他事物有关联、并没有任何独特特性的事物。我们对此事物的印象，相比其他具备一些独特属性的事物来说，要短很多。

论据：根据第二部分论点十八及其注释，每当我们想起某个与别的东西一起见过的事物时，我们就会另一个东西。当我们想到某个没有自己独特特征的事物时，也会发生同样的现象。因为对于这个事物，除了与其他事物一起看见过外，我们毫无了解。反之，如果某事物具有我们从未见过的特点，我们的思维不会联想到其他的事物，注意力只放在事物本身上了。

论据：这种只存在于思维中的对特殊事物的情绪变化或想象，称为惊讶；如果这种惊讶是被某种恐惧的事物所激发的，称为惊愕。因为惊讶的突然袭击，使我们的思维被这种情感所全部占据，没有能力想其他的事物，以避免不幸。然而，如果令我们感到惊讶的是人的智慧、勤奋或类似的东西，而具备这些品质的人胜于自己，那么这种惊讶就变成了敬畏。如果令我们惊讶的是某人的愤怒、嫉妒或类似的东西，我们称为恐怖。如果我们对所爱的人的智慧、勤奋表示惊讶，那么根据第三部分论点十二，我们对他的爱会更强烈，这种集惊讶与敬畏于一体的爱，称为敬爱。同理，我们可以想到恨、希望、信心以及其他的情感的组合，从而推出更多的情感类型，而很多类型无法用文字来表达。由此可知，描述情感的名词通常都是出于语言习惯产生的，而并不是建立在对情感特点的严密认识基础上。与惊讶相反的情感称为轻蔑，轻蔑通常源于我们或别人最初对某个事物的惊讶、爱慕之情。但是事后，当我们真正看到这个事物时，加以仔细观察后，使我们觉得它并没有什么令人惊讶的特性。其次，正如热爱是源于我们对某个所爱事物的惊讶，嘲笑是源于我们对某个所恨事物的轻蔑。正如敬畏源于对人的智慧的惊讶，傲慢是源于对人的愚昧的轻蔑。最后，我们可以想出爱、希望、荣耀以及别的情感与轻蔑的组合，推出更多的情感类型来，这些情感类型，许多也都是超出了我们的文字表达范畴。

论点五十三：当人的思维想到思维自身和行为能力时，会感到快乐。这种快乐的程度，是与思维与行为能力的差异程度成正比的，差异越大，就会越快乐。

论据：根据第二部分论点十九和二十三，人是通过身体和内在观念的变化认识自己的。因此，如果思维能认识自己，可以说是达到了较完美的程度。根据第三部分论点十一的注释，思维感到了快乐，如果这种对自身和自身行为能力的认识越清晰，这种快乐就越大。

推论：当别人给予自己的赞赏越多时，这种快乐就越大。因为他受到的赞赏越多，而且这种赞赏同时伴随着自身的观念，根据第三部分论点二十七，他感到的快乐也就越大。

论点五十四：思维会竭力去设想，那些能体现自身行为能力的事物。

论据：根据第三部分论点七，思维的努力其实就是思维的本质，但是思维的本质显然只肯定那些思维能做的事情，而不确认那些思维不能做的事情。因此，思维只会竭力去设想，那些能体现、肯定自身行为能力的事物。

论点五十五：当思维想到自身的缺点时，会感到痛苦。

论据：根据第三部分论点，思维的本质只肯定那些思维能做的事情，换言之，思维的本性是感知那些肯定自身能力的事物。因此，当思维感知到自身的缺点时，说明思维想象能肯定自身能力的事物的努力受到了阻碍，换言之，根据第三部分论点十一的注释，思维会感到痛苦。

推论：当思维想象着受到了别人的责备，这种痛苦就越增强。这个论点的证明方式与第三部分论点五十三的推论相同。

注释：这种伴随着自身缺点而产生的痛苦，称为谦卑。伴随着认识自身而产生的快乐，称为自恋。每个人认识到自己的优点或行为能力时，会感到快乐，所以大家都喜欢向别人宣传自己的成绩，显示自身和思维的能力。也正因为如此，人们会引起相互之间的厌烦之情。根据第三部分论点二十四的注释和论点三十二的注释，人生来嫉妒别人的优点，以别人的不幸为快乐，以别人的能力为痛苦。因为根据第三部分论点五十三，人一想到自己的行为能力就会感到快乐，而且如果觉得自己的行为愈完美、对自己的行为认识更清晰，根据第二部分论点四十的注释，他就更能把自己的行为与他人的区分开，从而当作欣赏一个个体，那么他就会感到越快乐。当人感到自己拥有别人所没有的独特的特性时，他就会感到更快乐。但是如果他感到自己所肯定的一切，也不过是人或动物所共同拥有的特性，那么他就不会快乐。反之，与别人的行为能力比较后，发现自己的较弱，他会感到痛苦，根据第三部分论点二十八，这种痛苦需要通过否定他人、或扩大自身的能力能力加以消除。由此可知，人生性就偏向于恨和嫉妒，而后天的教育往往又助长了嫉妒的倾向。因为父母总是习惯于用荣耀和嫉妒去激励孩子。但是，说到这里，有人会反驳说，我们也未尝不钦佩别人的优点、赞美他人的美德。为了消除这种异义，我在此附加了下面这个推论。

推论：没有人会妒忌与他地位不相等的人的优点。

论据：根据第三部分论点二十四的注释，妒忌是恨的一种形式，这就是说，根据第三部分论点十一的注释，妒忌就是一种阻碍人的努力或行为能力的情感。但是根据第三部分论点九的注释，一个人不会去追求那些与自己本性不符的事物，因此，人不会追求那些适合别人特性的行为能力或优点，他的欲望也不会受到限制，他也不会因为认识到与自己不是同类的人的优点而感到痛苦。但是，对于与他具有同样特性的同类人，他会产生嫉妒。

注释：因此，正如我们在第三部分论点五十二的注释中所说的，我们之所以崇敬一个人，是因为我们对他的智慧、勇敢感到惊讶，因为这些优点并非是与我们本性相同的人所具有的，所以，我们不会嫉妒他，也不会嫉妒树木的高大或狮子的勇猛。

论点五十六：我们受到许多不同物体的影响，从而产生了如快乐、痛苦、欲望等多种类型的情感。任何情感也都是由这些组成的，比如犹豫不决的精神状态，或是由此产生的情感，如爱、恨、希望、恐惧等。

论据：根据第三部分论点十一的注释，快乐、痛苦以及由之产生的各种情感，都是被动的情感。但是根据第三部分论点一，如果我们对某事物的观念不充分，那么必然处于被动状态。根据第二部分论点四十的注释，如果我们对事物仅停留在想象层面，或者根据第二部分论点十七及其注释，如果我们是受到触动而产生某种情感，而且这种情感涉及人体和外界物体的性质时，我们必然处于被动状态。因此要理解任何一种被动的情感的特性时，必须先了解引发我们情感的那个事物的特性。例如，物体 A 引起的快乐，必然涉及 A 的性质；物体 B 引起的快乐，必然涉及 B 的性质；因此，这两种快乐的情绪的性质是不同的，因为引起它们的原因是不同的。同理，某个物体引起的痛苦，与另一个物体引起的痛苦，性质也是不同的。所以，如爱、恨、希望、恐惧、犹豫等各种情感，都可以依此类推。根据引起我们情感变化的物体种类的不同，相应的，我们的快乐、痛苦、爱等便也会有许多不同种类。

欲望是一个人的本质，根据第三部分论点九的注释，欲望是根据自身变化而采取的某种行为。因为人是受到外界的影响，才产生快乐、痛苦、爱、恨等各种情感，也就是说，人的性质受到了这样或那样情况的影响，所以他的欲望也变幻无常，每个欲望的性质也是不同的。因此，有多少种快乐、痛苦、爱或恨，就会有多少种欲望。

注释：根据前一个论点，在众多不同的情感中，最主要的是吃、酒、淫欲，贪婪和虚荣，这些情感也是在爱或欲望的范畴内，可以根据与这两种情感相关的事物，来解释其性质。所谓对吃、酒、淫欲，贪婪和虚荣的欲望，也只是指对美食、酒精、性、金钱、荣誉的无节制的爱好或欲望，没有别的。其次，既然我们根据与情感相关的事物来认识它们的性质，所以我们无法判别出相反的情感。因为，我们反对吃、酒、淫欲，贪婪和虚荣，并不是情感，而只是一种思维克制这些情感的力量。

其他的各种情感，我们就不在这一一解释了，因为它们的种类与物体的种类一样多，即使能解释，我也觉得没有必要。因为我们的目的只是研究决定情感的力量、思维对情感控制的能力，所以只需对每一种情感进行一般定义就够了，只需对思维和情感的共同特质进行了解，以便我们判断思维在控制情感方面的力量的大小。因此，即使各种情感如爱、恨、欲望之间存在很大差别，如对孩子的爱、对妻子的爱，我们没有必要对这两种爱的差别、性质和起源加以研究。

论点五十七：某个个体的情感与其他个体的情感是有差别的，因为，这个个体与另一个个体的本质是不同的。

论据：根据第二部分论点十三注释后的辅助定理后的公理一，这个论点很明白。但是，在此，我将从三种主要情感的性质的角度加以证明。

一切的情感都和欲望、快乐和痛苦有关，这一点我们在对这三种情绪的定义中已经说明。根据第三部分论点九注释中对欲望的定义，欲望是人的本质，所以如果一个人的本质与另一个人不同，那么这两个人的欲望也不相同。根据第三部分论点十一及其注释，快乐或痛苦能增加或减弱一个人维持自身存在的努力。但是，所谓保持自身存在的努力，根据第三部分论点九的注释，与思维和人体联系在一起时，即为冲动和欲望。因此，快乐和痛苦就是受外界影响的情况下，冲动和欲望的增加或减少。这就是说，快乐和痛苦是人的本性。因此，只要两个人的本质不同，那么两个人的快乐和痛苦就不相同，两个人的情感也不相同。

注释：由此推出，因为动物与人类的本性不同，所以动物的情感称为非理性的情感。既然我们了解思维的起源，我们绝不怀疑动物也有情感，只是与人类的情感不同而已。例如：马和人一样，有生殖的欲望，但是两种欲望是不同的。同理，昆虫、鱼类、鸟类的欲望，也各不相同。因此，虽然每个个体在其生活的土地上安居乐业，但是这些快乐不是别的，而是每个个体的观念或灵魂。只要个体的本质不同，它们的快乐也就不同。最后，根据前一个论点可知，一个喝醉了的人的快乐，肯定与一个哲学家的快乐是不同的。上述都是对人的被动性情感而言的，我们还要对人的主动性情感加以简略讨论。

论点五十八：除了被动的快乐和欲望外，还存在一些源于快乐和欲望的其他情感，在这种情感中，我们处于主动地位。

论据：根据第三部分论点五十三，当思维感知到自身及其行为能力时，就会感到快乐。根据第二部分论点四十三，当思维充分认识自身拥有真实的、充分的观念时，就会感到快乐。根据第二部分论点四十的注释二，思维确实具有一些充分的观念。因此，当思维感知到充分的观念时，就会感到快乐，也就是说，根据第三部分论点一，思维处于主动状态。其次，无论思维具备清晰的或是混乱的观念，根据第三部分论点九，思维都努力维持自身的存在，这就是欲望。因此，欲望对于我们来说，是建立在认知的基础上的，或者说，根据第三部分论点一，我们是处于主动状态的。

论点五十九：存在于主动思维中的所有情感，都能归因于快乐或痛苦。

论据：正如情感的定义所说，一切的情感都与欲望、快乐或痛苦相关。但是，根据第三部分论点十一及其注释，痛苦是指思维的能力减弱或受到限制时的情感，所以只要思维觉得痛苦，那么根据第三部分论点一，思维的力量就会减弱或受到限制。因此，当思维处于主动状态时，就不会有痛苦，根据前一个论点，此时只有快乐或欲望的情感。

注释：由情感决定的所有行为，都可以称为是精神的力量。精神的力量可以分为意志力和仁爱两种。所谓意志力是指人根据理性努力保持自身存在的欲望，所谓仁爱力是指人根据理性努力帮助别人、赢得别人的友谊的欲望。因此，一些为当事人谋利的行为，都属于意志力，如节制、严谨、临危不乱等；凡是为他人谋利的行为，都属于仁爱力，如谦卑、仁慈等。

我想我已经将欲望、快乐、痛苦三种情感组合而成的主要几种情感，从它们的起源角度解释清楚。我们知道在很多情形下，我们受到外界因素的影响，因而对我们的前途、命运感到彷徨，就像海上的波浪一样，被反方向的风吹着。我说过，在此我只解释一些主要的思维矛盾，不能覆盖到所有的矛盾。用我们上面的方法，很容易知道，爱与后悔、轻蔑、羞耻等组合会产生什么样的情感。我想我已经解释清楚，人人都能明白，情感有很多方式的组合，形成不同的种类，这些种类的数目是无限的。为了达到我的目的，我只需将主要的情感加以考察就够了，至于其他的情感，与主题无关，就不在此赘述了。但我必须指出，爱这种情感有这样一个特点，那就是当我们享受着我们欲求的东西时，人体会因此产生一种新的状态，这种状态会给人体带来特殊的影响，它能引发人体和思维对别的事物的想象，从而对别的事物产生欲望。例如，我们时常会想象那些能带来快乐的美食，我们想要享受它。但真正享受了美食时，肠胃饱了，人体的状态就发生了变化。但是，人体的新状态对于美食的欲望却感到厌恶，所以之前渴望的美食，现在成了讨厌的对象。这就是我们所说的厌恶或厌倦。人体的一些外在感受，如颤抖、脸色苍白、啜泣、大笑等情感，我们都可以从外表观察出来，与思维无关，所以在此我就省略不提了。最后，关于情感的定义，我还需补充几点，我将依次把各种情感的定义加以陈述，必要时加以说明。

特定情感的定义

1. 欲望是人的本质，因为人会根据自身的变化采取特定的行为。

说明：在第三部分论点九的注释中，我们已经说过，欲望是一种冲动，而冲动就是人的自身本质，人会朝着维持自身存在的方向采取行动。我也曾说过，我不知道人的冲动和欲望之间有什么区别，因为不管人没有意识到自身的冲动，冲动都是客观存在的。因此，我并没有用冲动去解释欲望。

2. 快乐是人从一个较小的完美到较大的完美的过渡。

3. 痛苦是人从一个较大的完美到较小的完美的过渡。

说明：我之所以用过渡这个词，是因为快乐并不是完美本身。如果一个人生来就是完美的，那么他也不会感到快乐。如果从快乐的反面痛苦的角度来看待这个问题，这个道理更容易理解。没有人能否认痛苦是从一个较大的完美到较小的完美的过渡，而不是较小的完美自身，因为人具备某种完美时，就不会痛苦了。而且我们也不能说痛苦是因为缺乏较大的完美。痛苦的情感是一种事实，是从一个较大的完美到较小的完美的过渡，根据第三部分论点十一的注释，此时人的行为能力会减弱或受到限制。

4. 惊讶是思维对某个事物的概念，与其他特殊的概念没有关系。参照第三部分论点五十二及其注释。

说明：根据第二部分论点十八的注释，思维之所以看到某物就立刻联想起其它事物，是因为这些事物是相互关联的。而且这些事物之间的形象有特定的因果关系和顺序。如果某事物的形象是新奇的，就不存在这种顺序，因为思维会持续关注这个新奇的事物，直到有其他因素排除了这个事物的存在为止。因此，这种对新奇的事物的想象，从本质上来说，与对其他事物的想象是相同的。因此我就没有把惊讶列入情感之类，惊讶所表现的抽象思维，是源于思维对外界因素缺乏认识，所以在第三部分论点十一的注释里，只提到了三种最基本的情感，即快乐、痛苦和欲望。我之所以提到惊讶的唯一原因，是因为每当我们从三种基本情感中派生出一些与我们所惊讶的对象相关的情感时，人们总是习惯于给它们另外的名称。同理，我在此又加上了对轻蔑的定义。

5. 轻蔑是对思维中觉得无关紧要的事物的想象，当此事物呈现在眼前时，思维倾向于想象此事物缺乏的特性，而不是此事物具备的特性。

说明：在此，我省略了对敬畏和傲慢的定义，因为就我所知，没有任何情感是根据它们命名的。

6. 爱是一种有外界因素的观念伴随着的快乐。

说明：这个定义充分澄清了爱的本质。有些作家对爱下的定义是：爱是给予爱的人与被爱的人意志合一的境界，但是实际上，这只是爱的特点之一，并没有说出爱的本质。因为它们对于爱的本质没有充分的认知，自然对爱的特点也没有一个清晰的概念。因此，许多人都人觉得这些作家的定义难以理解。我虽然承认给予爱的人与被爱的人意志合一境界是爱的一个特点，但我并不认为思维的肯定是一种幻想，我已在第二部分论点四十八中加以证明；我也不认为爱是被爱的人不在时，给予爱的人和被爱的人合一的欲望；亦不是被爱的人在时，给予爱的人要求被爱的人继续在场的欲望。因为，即使没有上述任何一种欲望，我们仍然可以想象出爱的特性。我所谓的意志是指被爱的事物，在给予爱的事物面前产生的一种满足感。因为有了这种满足感，给予爱的人就会更快乐。

7. 恨是一种有外界因素的观念伴随着的痛苦。

说明：与前一个的定义的说明类似。参照第三部分论点十三的注释。

8. 偏好是一种由某个偶然成为快乐的原因的事物的观念伴随着的快乐。

9. 厌恶是一种由某个偶然成为痛苦的原因的事物的观念伴随着的痛苦。

10. 热爱是一种对我们所钦佩的事物的爱。

说明：根据第三部分论点五十二的注释，惊讶源于某个新奇的事物。因此如果我们经常想象着我们觉得新奇的事物，那么后来我们的惊讶之感就会停止，由此可知，热爱的情感很容易转变成单纯的爱。

11. 嘲笑是一种源于我们对某个我们所恨的事物的弱点的快乐。

说明：根据第三部分论点五十二的注释，如果我们轻视某个我们所恨的事物，那么我们就会否定它的存在，并且由此感到快乐。但是既然假定某人恨他所嘲笑的事物，那么根据第三部分论点四十七的注释，这种快乐并不能持久。

12. 希望是一种源于对我们不确定的事情的过去或将来的不稳定的快乐。

13. 恐惧是一种源于对我们不确定的事情的过去或将来的不稳定的痛苦。

说明：根据这些定义可知，没有无恐惧的希望，也没有无希望的恐惧。因为当人徘徊于希望之中，并怀疑事物的前途时，总是会努力想象那些能排除未来事物存在的东西，根据第三部分论点十九，这时他会感到痛苦，害怕他所希望的事物不能实现。反之，如果一个畏惧或怀疑他所恨的事物的前途时，他会努力想象那些足以排除所恨事物存在的东西，根据第三部分论点二十，这时他会感到快乐，他希望所恨的事物不会实现。

14. 信心是一种源于对某个确信无疑的事物的过去或将来的快乐。

15. 失望是一种源于对某个确信无疑的事物的过去或将来的痛苦。

说明：由此可见，当对某个事物的疑问因素全部消除时，信心源于希望、失望源于恐惧。希望或恐惧的产生，是因为我们把一个过去的或将来的事物当作就在眼前，或者因为我们想象着足以排除我们怀疑之物存在的别的东西。根据第二部分论点二十一的推论，我们对某个事物的将来虽然不能确认，但是事实上有时对它的将来毫不怀疑。根据第二部分论点四十九的注释，不怀疑是一回事，确定性又是另外一回事，因此，从一个事物的过去或将来的形象中，我们可以感到同样的快乐或痛苦的情感。

16. 欢乐是一种由超乎我们预期的过去发生的事情伴随着的快乐。

17. 惋惜是一种由超乎我们预期的过去发生的事情伴随着的痛苦。

18. 同情是一种由与我们相似的人的不幸的观念伴随着的痛苦。

说明：同情和怜悯好像并没有区别，不过同情一词主要用于指某个特定的行为，怜悯以此主要用于指某种倾向。

19. 赞赏是一种对行善的人表示的爱。

20. 义愤是一种对作恶的人表示的恨。

说明：这些词在日常用语中，具有别的特殊意义。但是我的目的不在于解释名词的意义，而在于解释事物的性质，就是说用名词来表示事物。

21. 偏爱是对某个我们所爱的人的过高评价。

22. 轻视是对某个我们所恨的人的过低评价。

说明：由此可知，偏爱或轻视是由爱或恨产生的结果。所以说，偏爱是一种对所爱之物的过高估量，反之，轻视是对所恨之物的过低估量。

23. 嫉妒是一种出于对别人的幸福的恨、对别人不幸的快乐。

说明：与嫉妒相反的情感是同情。或许与词的本义有偏差，可以定义如下。

24. 怜悯是一种出于对别人的幸福的快乐，对别人不幸的痛苦。

25. 自满是一种出于对自己和自身的行为能力的认可而产生的快乐。

26. 谦卑是一种出于对自己和思维的弱点而产生的痛苦。

说明：自满与谦卑相反，自满是由我们的行为能力引起的快乐，这种行为是由我们的思维的自由意志所决定的，自满与懊悔相反，懊悔可定义如下。

27. 懊悔是一种由我们的自由意志所决定的行为伴随着的痛苦。

说明：根据第三部分论点五十一的注释、五十三、五十四、五十五及其注释可知情感产生的原因是什么。关于思维的自由意志，可参照第二部分论点三十五的注释。但在此，我必须指出，凡是与恶行相关的行为，必然伴随痛苦；凡是与善行相关的行为，必然伴随快乐。但是根据之前所说的，这很大程度上也取决于教育。事实上，父母对于孩子的过失，总是倾向于用责罚的方式，教育子女要行善，若子女做了善事，就加以赞许。这样自然而然就会使痛苦的情感与恶行相关联，快乐的情感与善行相关联。这是经验可以证明的。但是出于习惯和宗教信仰，每个地方并不相同。某个地方认为神圣的东西，其他地方或许是一种亵渎；此地引以荣耀的事，其他地方或许引以为耻。因此，只有教育可以决定人的某种行为，是持懊悔态度或是夸奖的态度。

28. 自豪是一种过分自恋而引起的情感。

说明：由此可见，自豪与偏爱是有区别的，偏爱是对一个外界的事物评价过高，而自豪是对自己的评价过高。偏爱是爱别人的而产生的结果，自豪便是爱自己产生的结果。因此，根据第三部分论点二十六的注释，自豪可定义为是因自满而使一个人对自己评价过高的情感。从这个角度说，自豪并没有反面，因为现实中不存在因为恨自己而把自己看得过低的人，即使有时候可能会觉得自己不能做某件事情，但是他也不会把自己看得过低。因为当想到自己没有能力做某件事情时，人往往倾向于觉得是理所当然的。同时，受到这种想法的影响，他就不会下决定去做，最后他真正做不成这件事情。但是，从意见的角度看，一个人看低自己是可能的，因为人有时会反省自己的缺点、想象着别人可能轻视他，虽然事实上可能别人并没有轻视他。此外，人在否认某件将来的并不确信的事情时，可能会看低自己。例如，当某人说自己不能确定任何事情时，他就不会有别的欲望。如果一个人因为自己过于害羞、拒绝做同类的人敢做的事情，可能是因为他看轻了自己的能力。我们可以将这种情感作为自豪的反面，称为自卑。自满是出于自豪，自卑是出于自谦，可以这样定义自卑。

29. 自卑是由于痛苦而过分看低自己。

说明：我们通常把自豪作为谦卑的对立面，但这只是关注了这两种情感的效果而不是本质。根据第三部分论点三十的注释，如果某人夸奖自己的才能、斥责别人的缺点，总想高人一等，我们称之为自豪；反之，如果一个人常常承认自己的缺点、夸奖别人的才能，凡是让人三分，我们称之为自卑。日常生活中，这种谦卑或自卑的情感是比较少见的，因为根据第三部分论点十三和五十四，人的本性总是倾向于反对这些情感，因此许多自称谦卑的人，却往往是满腹野心、十分嫉妒别人的人。

30. 荣誉是一种源于相信自己的行为会得到别人的夸奖而产生的快乐。

31. 羞耻是一种源于相信自己的行为会得到别人的责备而产生的痛苦。

说明：关于这些情感，请参照第三部分论点三十的注释。但在此我必须对羞耻与害羞之间的区别加以说明。羞耻是由于耻辱的行为而产生的一种痛苦。害羞是一种畏惧的情感，这种情感可以阻止人不去做卑鄙的行为。通常人们认为无耻与害羞是对立面，但是事实上无耻并不是一种情感，在合适的地方，我将加以阐述。我曾说过，用以描述感情的名词通常是出于习惯，并不能体现情感的性质。

到此为止，我想我已经解释清楚了快乐和痛苦的情感，从现在开始，我要对欲望这种情感进行讨论。

32. 懊悔是一种想要占有某种事物的欲望，这种欲望因对这个事物的记忆而加强，同时也会因回忆起排除此物存在的事物而受限制。

33. 好胜是一种源于别人与我们对同一个事物拥有的相同欲望的情感。

说明：一个人逃跑是因为他看见别人也在跑；一个人恐惧是因为他看见别人也恐惧；甚至一个人会因为看见别人的手烧着了，立刻缩回手，好像他的手也被烧着了似的。这种模仿别人情感的情形，并不是与别人竞争、好胜。我并不觉得好胜与模仿是源于不同的原因，只是我们习惯于把那些模仿我们认为高尚的、有用的事的人称为好胜的人。对于嫉妒和好胜的原因的相关性，请参照第三部分论点三十二及其注释。

34. 感激是一种源于爱的欲望或热诚，我们努力去报答那些曾给予过我们帮助的人。

35. 仁慈是一种出于对别人的同情而想帮助别人的欲望。参照第三部分论点二十七的注释。

36. 愤怒是一种出于对别人的恨而想伤害别人的欲望。参照第三部分论点三十九。

37. 报复是一种由于相互间的恨而引发的想伤害那些曾伤害过我们的人的欲望。

38. 残忍或野蛮是指某人受激发，而被驱使去伤害我们所爱或同情的人的欲望。

说明：与残忍相对的是仁慈，仁慈不是思维的被动状态，而是人克制他的愤怒和报仇的一种力量。

39. 胆怯是一种宁肯遭受较小的灾难，而避免遭受巨大不幸的欲望。

40. 勇敢是一种敢于做同类不敢做的事情的欲望。

41. 胆小是指某人害怕去面对同类敢面对的危险。

说明：因此，胆小不是别的，而是一种害怕多数人都不恐惧的事情，所以我不把胆小作为源于欲望的一种情感。然而，我还是选择在这里加以说明，是因为就欲望而言，胆小与勇敢刚好相反。

42. 惊惶失措是指某人遇到了他所害怕的或想避免的事情。

说明：因此，惊惶失措是胆小的一种。但是惊惶失措是一种双倍的恐惧，所以可以定义为一种使人不知所措的恐惧。

43. 谦逊或尊重是一种只做使别人高兴、而不做使别人不高兴的事的欲望。

44. 野心是一种过分渴求权力的欲望。

说明：根据第三部分论点二十七和三十一，野心是一种助长所有情感的欲望，因为野心几乎是无法克制的。因为只要某人具有欲望，他必然就渴求名利。西塞罗曾说过，“伟大的人物往往受到名利之心的支配，即使有许多哲学家在书上写着要蔑视荣誉，但是他们的名字往往还是写在了书的封面上。”

45. 奢侈是一种对奢华生活的爱好和过分的欲望。

46. 酗酒是对喝酒的热爱和过分的欲望。

47. 贪财是一种对财富的热爱和过分的欲望。

48. 淫欲是一种对性生活的爱好和过分欲望。

我已经指出戒酒、严谨和贞节是一种思维的力量，而不是被动状态。然而，一个贪财的、有野心的、或胆怯的人或许在吃、喝、性生活方面很有节制。贪财、野心、恐惧并不是奢侈、酗酒、放荡的反面。因为一个贪财的人通常会乐于用别人的钱大吃大喝。一个有野心的人不会对自己有任何约束，只要他的放纵是保密的，他会同酗酒之人、好色之人同流合污，也正因为他好名利，他会更倾向于附和他们去作恶。而懦弱的人往往会做他们不愿做的事情，虽然为免一死，他们可以将财物扔到海中，但他们仍然是贪婪的。并且即使一个好色的人因欲望不能满足而感到痛苦，他仍然属于好色之辈。因此，这些情感不涉及男女的饮食，但涉及到欲望和爱好。除了高尚的灵魂和勇敢之外，没有别的东西可以作为这些情感的相反面。我在后面会谈到这一点。

嫉妒和其他波动的情感，我在这里就省略不提了。一是因为它们是源于我们已经定义过的一些情感的复合体；二是因为许多这样的情感还没有名字。可见在生活中，我们只需对一些主要的情感加以了解就足够。根据我们已经定义过的情感可知，一切情感都是从欲望、快乐或痛苦中派生出来的，换言之，除了这三种情绪外，所有其他的情感不过是这三种情感的组合而已。

情感的总定义

把情感称为是思维的被动状态，是一个混淆的观念，通过这种观念，思维会对人体整体或人体的部分的存在的肯定，相比之前要更强烈，因此思维便将注意力放在此物上，而不是别的事物上。

说明：首先，我之所以说灵魂的情感或热情是一个混淆的观念，是因为根据第三部分论点三，思维只有具备不充分的或混淆的观念时，处于被动状态。其次，通过这种观念，思维对自身整体或部分的存在的肯定比以前更强。因为根据第二部分论点十六的推论二，我们对一切人体观念的认识，只表示人体的现实状况，并不能体现外在物体的性质。但是，构成情感的形式或实质的观念，必然要体现人体整体或部分的情况。人体之所以具备这种情况，是因为人体的行为能力增强或减弱了。

第四部分　论人性的束缚或情感的力量

序言

我把人在控制和克制情感时的软弱无能称为人性的束缚：因为，当一个人成为他的情感的俘虏时，他就不再是主宰自己的主人，而是在命运的掌控之中。因此，他很多情况下不得不做那些自己明知是不好的恶行。这是为什么呢？在情感的世界里何为善、何为恶？我将在本篇中加以阐述。但是，在开始讨论之前，我想对完美、不完美、善、恶加以简单地说明。

当某人打算做一件事情，并且完美地完成了，那么我们说他的工作是完美的，这种完美不仅仅指他自己，同时也包括那些确实知道、或者相信自己知道做这件事情的目的的所有人。例如，假设我们看见某个工作尚未完成，我们知道主人的目的是建造一座房子，那么我们说他的工作是不完美的；反之，如果这座房子按计划最后完成了，那么我们说它是完美的。但是如果我们看见一个我们从来没有见过的工作，我们也不知道主人的意图，那么我们就无从判断这项工作是否完美。以上这些似乎就是这些名词的主要涵义。

但是，在人们对房子、建筑物、城堡等形成了基本的观念后，即使这些建筑物是根据发明者的计划成功实施了，人们还是会将那些符合自己观念的事物称为完美的，而将那些不太符合自己观念的事物称为不完美的。这似乎是判断不是人造的自然现象是否完美的唯一理由。因为人对于自然事物，总是习惯于形成一般的观念，并把这种观念作为判断事物的标准。因此，如果人们看见某个自然事物，是不符合他们对于此类事物的判断标准时，他们就会认为这个事物存在缺陷或不完美。由此可见，所谓的完美或不完美很大程度上是源于人们的成见，而不是基于对自然事物的实际认识。

我们在第一部分的附录中曾经说过，自然的运动并没有目的性，因为神或自然的存在具有无限永恒性。神或自然的存在的原因，与它们的行为的原因，是一体的。因此，它的存在和行为都是没有终极目标的。由此可知，能真正称为事物产生的根源的，不是别的，而是人的欲望。例如，当我们说建造房子的最终目的是为了居住时，我们的意思无非是指人渴望过舒适生活的欲望。因此，居住作为根本原因，不是别的，而是一种特殊的欲望，这种欲望才是真正的直接有效原因。而人往往会忽视自己的欲望才是真正的原因，他们往往只意识到他们的行为和爱好。因此，俗话说大自然有缺陷或过失，所以创造出了不完美的东西，对此我在第一部分附录中进行了说明。

因此，所谓完美和不完美，在现实中只是思维的方式而已、或是我们与同类事物相比较而形成的观念。正是如此，我在第二部分概念界定六中说，真实和完美其实是同一个事物。因为我们习惯于将自然界中的一切个体事物归为一类，称之为最高级的一类，也就是存在的概念。因此，当我们把事物归在此类，并且相互间加以比较时，发现某些事物相比其它事物更真实一些，也正是从这个意义上来说，我们说某些事物更完美一些。其次，当我们对某些事物怀着否定的态度，用诸如终点、衰弱等词描述这些事物时，我们称它们是不完美的，因为它们对我们思维的影响没有那些完美的事物多，而不是因为它们真正存在某些内在的不足或天生的缺陷。因为万物都必然遵循自身性质的有效原因。

善和恶两个词，并没有显示出事物本身的积极属性，而只是思维的形式或我们比较其它事物后形成的观念而已。因此，同一个事物在同一个时刻不可能既是善的，又是恶的、或不善不恶，例如，音乐对于一个忧郁的人来说是好事，但是对于一个悲伤的人来说是坏事，对于一个聋哑的人来说既不好也不坏。

然而，即使这样，这些词还是必须保留。因为我们会对人形成一种观念，因此保留这些词用来表示人的个性，也不无益处。

在下文中，所谓的善是指我们认识的事物更有助于达到我们之前设立的人性的标准，而所谓的恶是指妨碍我们达到设定的人性的标准。其次，我们说更完美或更不完美，是相对于距离所说的标准的差距而言的。在此尤其需要注意的是，当我们说一个人较小的完美过渡到较大的完美时，或者反过来，我并不是说他的本质发生了变化，例如，一匹马如果被变成了一个人或是一只昆虫，它的本质就被破坏了。我的意思是指事物的行为能力的增加或减少。最后，总体来说，完美意味着真实，换言之，每个事物的本质，是就事物的存在、特定的运动方式而言的，与事物的存续期并没有关联。因为我们不能因为某个事物存在的时间较长，就说它是更完美的。事物的存续期也不是由它们的本质决定的，因为事物的本质不涉及固定的、绝对的存在周期。但是万物无论是否完美，都会以与开始存在时相同的力量维持自身的存在，从这个意义上说，万物是平等的。

概念界定

1. 所谓善就是指必然对我们有用的东西。

2. 所谓恶就是指阻碍我们获得有用的事物的东西。

（关于这两个概念界定，请参照序言的末段。）

3. 我说特定的事物是偶然的，因为当我们只考察它们的本质时，我们发现它们的本质并不包含存或排斥存在。

4. 我说特定的事物是可能的，因为当我们考察它们产生的原因时，我们不知道这些原因是否是被其它事物决定的。

（在第一部分论点三十三的注释一中，我没有对可能和偶然加以区别，因为在那个地方没有必要对两个词进行精确的区分。）

5. 矛盾的情感是指某人受到不同方向的情感影响而言，虽然这些情感属于同一个种类，比如奢侈和贪婪，都属于爱的种类，从性质上来说并不是相对立的，但是却偶然得成为了对立面。

6. 对于某个事物的将来、现在和过去的情感，我已经在第三部分论点十八的注释一和注释二中加以说明，请参照。

（但是我在这里仍需说明，我们对于空间的距离，就如对于时间的距离一样，只有在一定的范围内才能清楚地加以想象。也就是说，一切物体如果与我们的距离超过了二百英尺，或与我们所在地的距离超过了清晰想象的范围外，让我们感觉与我们的距离是一样的，就像所有的物体都是在同一个平面上。同理，一切物体只要它们存在的时间距离现在有很长的时间了，超出了我们清晰想象的范围外的话，我们便觉得这些物体与我们现在的时间距离是一样的，就像它们属于同一个时间段内。）

7. 所谓目的是指我们为达到这个日的而做某件事情，即欲望。

8. 在我看来，德行和能力是同一个事物。这就是说，根据第三部分论点七，德行通常用以指人的性质或本质，或人所具有的影响只有自然规律能理解的事物的能力。

公理

世间不存在某个事物，不会被更强大的事物所超越。因此，万物都可能被更强大的事物所摧毁。

论点

论点一：一个错误的观念中包含的正确部分，不会因为真实观念的出现而被消除。

论据：根据第二部分论点三十五，错误是源于缺乏充分的知识，而根据第二部分论点三十三，不充分的观念中不包含任何肯定的属性，所以称之为错误。相反，从这些观念与神的联系来看，根据第二部分论点三十二，它们是正确的。因此，如果说错误观念中的正确部分，由于观念变正确而消失了，那么正确的观念也能被自身消除，而根据第三部分论点四，这是荒唐的。因此，一个错误的观念中包含的正确部分，不会因为真实观念的出现而被消除。

注释：根据第二部分论点十六的推论，这个论点更容易理解。因为想象也是一种观念，这个观念更多的是体现了人体自身现在的情况，而不是外界物体的性质，想象不是清晰的、而是模糊的。由此，人们便说思维出错了。例如，当我们看太阳的时候，我们总想着太阳距离我们大约二百英尺远，只要我们不知道太阳与我们的真实距离，我们仍然会产生这种幻觉。当我们知道太阳离我们的真实距离后，这种错误的观念被消除了，但是这种想象并没有消除。换言之，我们根据人体对太阳的感触而形成的对太阳性质的观念，并没有消除。因此，虽然我们知道距离太阳的真实距离，我们还是想象着太阳距离我们很近。根据第二部分论点三十五的注释，我们之所以认为太阳距离我们很近，并不是因为我们不知道距离太阳的真实距离，而是因为思维只根据人体的感触去判断太阳的大小。因此，当太阳照到水面上，并反射到我们眼睛里时，我们明知太阳在天上，但我们却仍然想象着太阳在水里面。无论这些想象反映了人体的真正状态、或是增加或减弱了人体的行为能力，它们并不违反真理，人们即使了解到了真理后，它们也不会因此而消失。虽然有时候会不由自主地担心某种灾害，但是得到确切消息后，畏惧就自然消失了。反之，当我们听到某个虚假的消息后，我们的畏惧同样也可能消失。由此可见，想象并不会因为真理的出现而消失，根据第二部分论点十七，只有更强有力的想象出现、排除了之前的想象的存在时，先前的想象才会消失。

论点二：只要我们是自然界中的一部分，只能通过自然界的其他部分、而不能通过自身被认识时，我们便处于被动状态。

论据：根据第三部分概念界定第二点，当我们只是某个事物发生的部分原因时，我们是被动的。这就是说，根据第三部分概念界定第一点，这个事物不能单凭我们的性质而推出来。只要我们是自然界中的一部分，只能通过自然界的其他部分、而不能通过自身被认识时，我们便处于被动状态。

论点三：一个人维持自身存在的力量是有限的，这种力量会被外界因素的力量无限地超越。

论据：根据第四部分的公理，这个论点显而易见。因为，先假定存在某个人，在他之外，必然还存在一个更强有力的物体 A；而在 A 之外，必然还存在某个更强大的物体 B；以此类推，以至无穷。因此，一个人的力量会受到其他事物的限制，并且会被外界因素的力量无限地超越。

论据四：一个人不可能脱离自然而存在，他也不可能不经历任何变化，除非这些变化能够以他的性质作为充分原因而被理解。

论据：根据第一部分论点二十四的推论，万物包括人在内都努力维持自身的存在，这种力量就是神或自然的力量，这种力量不是无限的，而是因为，根据第三部分论点七，能够通过人的真实本质加以说明。因此，就人的力量能够通过他自身的真实本质加以解释而言，人的力量是神或自然的无限力量的一部分，换言之，根据第一部分论点三十四，就是神或自然本质的一部分。这是我们要说明的第一点。其次，如果一个人仅仅通过自身的感受和性质去理解变化，那么他绝对不会被动得受到任何变化的影响，根据第三部分论点四和论点六，他将不会死亡，而是永远存在着。而这种存在产生的原因，要么是有限的、要么是无限的，也就是说，人存在的力量不是单纯依靠自己的力量以排除一切外在因素引发的变化，而是出于自然的无限力量，以指导万物，使它们除了产生维持自身存在的力量外，还产生不会被动受到任何变化影响的力量。但是如果某个人除了从自身的本性去理解变化外，还能够不受到被动的影响，那么像我们之前所说的，他将永远存在，但是他的存在是依靠神的无限力量。因此，根据第一部分论点十六，从神具备任何人的观念而言，大自然的次序是通过思想与外延的属性被认识，那么根据第一部分论点二十一，这个人将是无限的。根据此论据的前半部分，这是矛盾的。因此，一个人不可能脱离自然而存在，他也不可能不经历任何变化，除非这些变化能够以他的性质作为充分原因而被理解。

推论：由此推出，一个人必然总是受制于自身的情感，遵从自然的一般规律，并使自己尽可能适应事物的本性的要求。

论点五：任何情感的力量和增长、维持情感存在的力量，不会受到我们努力维持自身存在的力量的影响，而是会受到外界因素的力量的影响。

论据：根据第三部分概念界定一和二，情感的本质不能够通过我们自身的本质加以解释，这就是说，根据第三部分论点七，情感的力量不会受到我们努力维持自身存在的力量的影响，而是根据第二部分论点十六，必然会受到外界因素的力量的影响。

论点六：任何情感的力量能超越人的其他行为或力量，因此他会被情感牢牢地束缚。

论据：根据上一个论点，任何情感的力量和增长、维持情感存在的力量，受到外界因素的力量的影响，因此，根据第三部分论点三，它能超越人的行为力量。

论点七：某种情感只能被某种与之相反的、更强大的情感所控制或消灭。

论据：就情感是与思维相关而言，根据第三部分篇末有关情绪的总定义，情感是一个人体判断自身存在力量强弱的观念。因此，无论何时，只要思维受到了情感的影响，那么人体也会有所感触，这种感触会使人体的行为能力增强或减弱。其次，根据第四部分论点五，这种人体的感触是以自身为原因的一种维持自身存在的力量，根据第二部分论点六和第三部分论点五和第四部分公理，除非有一个更强大的外界因素刺激人体，否则这种情感不会得到控制或消灭。因此，根据第二部分论点十二，思维会感知到一种更强的、对立于之前情感的观念。因此，某种情感只能被某种与之相反的、更强大的情感所控制或消灭。

推论：就情感是与思维相关而言，情感只能通过某个与现在相反的、更强的人体变化的观念，才会得到控制或消灭。因为根据第四部分论点七，某种情感只能被某种与之相反的、更强大的情感所控制或消灭。

论点八：有关善恶的知识不是别的，而只是我们意识到的快乐或痛苦的情感。

论据：根据第四部分概念界定一和二，所谓善或恶，是就对我们的存在起着促进或阻碍作用而言的。这就是说，根据第三部分论点七，指对我们的行为能力起到增进或减弱作用、促进或妨碍作用而言的。因此根据快乐和痛苦的定义、第三部分论点十一的注释，只要我们感到某物给我们带来快乐或痛苦，相应的，我们称这个事物为善或恶。因此，善或恶不是别的，根据第二部分论点二十二，只是由快乐或痛苦的情感引起的快乐或痛苦的观念而已。但是根据第二部分论点二十一，观念与情感的联合，与思维与人体的联合是一样的。这就是说，根据第二部分论点二十一的注释，观念与情感的区别，只是概念上的区别。因此，有关善恶的知识不是别的，而只是我们意识到的情感。

论据九：如果我们感到某种情感产生的原因此时与我们共存着，与我们没有意识到情感产生的原因的情形相比，这种情感要强烈得多。

论据：根据第二部分论点十七的注释，想象或概念是一种对思维认为存在的事物的观念，根据第二部分论点十六的推论二，这种观念体现了思维的倾向，而不是事物的性质。因此，情感也是一种概念，它体现了人体的倾向。但是根据第二部分论点十七，如果我们没有感知到排除事物存在的外在物体，那么这种概念就会更强一些。因此，如果我们感到某种情感产生的原因此时与我们共存，相比于我们没有意识到情感产生的原因的情形，这种情感要强烈得多。

注释：我们之前在第三部分论点十八中提到，事物过去或将来的形象，与事物现在的形象，对于我们的影响是一样的。我曾坦白指出，这句话只有在单独关注我们所考察的事物本身时，才是正确的。因为在这种情况下，事物的性质不会发生改变。但是当我们关注到某个排除此事物存在的物体时，无论我们是否感知到，我不否认我们对此事物的形象会变弱。我当时未说明这一点，因为我想在这里讨论情感的力量时再加以阐述。

推论：事物过去或将来的形象，就是我们关注某个事物过去或将来时间维度上的形象，在所有情形下必然相同，但是相比于事物现在的形象必定更淡。

论点十：某个我们认为即将到来的将来的事物，相比我们认为距离现在很远的事物，对我们的影响会更强烈；同理，我们记忆中某个消逝不久的事物，相比我们认为消失很久的事物，对我们的影响也更强烈。

论据：某个即将到来的事物或是消逝不久的事物，我们感到的排除此事物存在的东西会比较少，因此，根据前一个论点，我们受到的影响要更大。

推论：根据第四部分概念界定六的叙述，如果物体距离现在的时间期限超越了我们定义的概念范围，即使各个物体之间的时间间隔很长，它们对我们的影响也同等微弱。

论点十一：在同等条件下，我们对于某个我们认为是必要的事物的情感，相比我们认为是不可能的、或是偶然的、不必要的事物的情感，要更强烈一些。

论据：根据第一部分论点三十三的注释，只要我们认为某个事物的是必要的，我们就会肯定它的存在。反之，我们就会否定事物的存在。因此，根据第四部分论点九，在同等条件下，我们对于某个我们认为是必要的事物的情感，相比我们认为是不必要的事物的情感，要更强烈一些。

论点十二：我们对于某个现在不存在、我们认为可能的事物的情感，在同等条件下，相比某个我们认为是偶然的事物的情感，要强烈得多。

论据：只要我们认为某个事物是偶然的，根据第四部分概念界定三，我们便会受到一些肯定事物存在的东西的概念的影响。反之，假设我们想象着一些排除事物存在的东西。根据第四部分论点四，只要我们想象着某个事物在将来是可能的，我们便会想象一些肯定事物存在的东西；这就是说，根据第三部分论点十八，我们必然会想象一些助长希望或恐惧的事物。因此，我们对于某个现在不存在、我们认为可能的事物的情感，在同等条件下，相比某个我们认为是偶然的事物的情感，要强烈得多。

推论：我们对于某个我们知道现在不存在的、偶然的事物的情感，相比我们对于某个现在存在的事物的情感，要弱很多。

论据：根据第四部分论点九，我们对于某个现在存在的事物，相比我们对于一个将来的、距离现在较远的事物的情感要强烈得多。这就是说，如果我们感到这个事物是偶然的，那么我们对它的情感相比某个现在存在的事物会更弱。

论点十三：在同等条件下，对于某个我们知道现在不存在的偶然事物的情感，相比我们对某个过去事物的情感，要弱得多。

论据：根据第四部分概念界定三，如果我们认为一个事物是偶然的，那么我们不会被别的能肯定此事物存在的其他事物形象所影响；但是根据假设，我们还会想象一些别的事物来排斥此事物现在的存在。只要我们把此事物与过去联系在一起，根据第二部分论点十八及其注释，我们就假定了，我们会去想象那些能唤起记忆或事物形象的事物。因此，根据第二部分论点十七的推论，我们会把此事物当作是当前存在的。因此根据第四部分论点九，在同等条件下，对于某个我们知道现在不存在的偶然事物的情感，相比我们对某个过去事物的情感，要弱得多。

论点十四：对善恶的正确认识本身并不能克制情感，而只有把这种认识看作是一种情感时，才能克制情感。

论据：根据情感的总定义，情感是思维肯定自身存在的较大或较小的力量的一种观念，因此，情感中的积极部分，不会因为真理的出现而消灭，进而对善恶的正确认识本身并不能克制情感。但是，根据第三部分论点三，如果这种认知是一种更强烈的情感，那么它将能够克制情感。

论点十五：源于善恶认知的欲望，能被许多其他的由控制我们的情感所产生的欲望所压制或克制。

论据：根据第四部分论点八，把对善恶的真理当作一种情感时，必然会产生欲望，根据第三部分论点三十七，这种欲望的强烈程度是与这种情感的程度成正比的。但是，根据第三部分论点一，这种欲望是源于我们了解的真理，我们是处于主动状态的；根据第三部分概念界定第二点，这种欲望只能通过我们自身的本质被理解；因此，根据第三部分论点七，这种欲望的力量和增长只受人的能力控制。其次，源于我们心中较强的情感的欲望，相比其它欲望要更强烈一些，这种欲望的力量和增长只能是由外界因素的力量所控制，根据第四部分论点三，这种外界因素的力量远远超越了我们自身的力量。因此，源于善恶认知的欲望，能被许多其他的由控制我们的情感所产生的欲望所压制或克制。

论点十六：源于善恶的真理、特别是与将来相关的真理的欲望，相比当前令人愉悦的欲望，更容易受到控制或克制。

论据：根据第四部分论点九的推论，对于某个将来事物的情感，相比某个现在事物的情感，要弱得多。但是源于善恶真理的欲望，即使是当前的善行，根据上一个论点，会被更强的欲望所压制或克制。因此，源于善恶真理、特别是与将来相关的真理的欲望，更容易受到控制或克制。

论点十七：源于善恶的真理的欲望、特别是当这种真理是与偶然的事物相关时，相比当前对某事物的欲望，更容易受到控制或克制。

论据：这个论点的论证方法同上一个论点相似，从第四部分论点七的推论推出。

注释：我想我已经解释清楚，为什么更容易受到意见的影响，而不受理性的指导；为什么善恶的真理会引起灵魂的冲突，却又往往屈服于各种情感。对于这种状态，使人感叹道：“我目望正道兮，心知其善；每择恶而行兮，无以自辩。”

当传教士说“知识愈增，则痛苦愈多”时，似乎他的思维中也有同样的想法，但是我说这些并不是为了下结论说，无知比有智慧好，我的意思是，在控制情感方面，智者和愚人并没有多大差别。了解人性的优点与弱点具有同样的必要性，由此我们可以知道，在控制情感方面，哪些是理性能够控制的，而哪些是理性所不能控制的。但是，本篇重在考察人性的弱点，有关理性控制情感的力量将在另外的篇幅中加以阐述。

论点十八：在同等条件下，源于快乐的欲望，相比源于痛苦的欲望，要更强烈一些。

论据：根据第三部分情感定义一，欲望是人的本质；这就是说，根据第三部分论点七，人努力维持自身的存在。因此，根据第三部分论点十一的注释，源于快乐的欲望，能通过快乐情感自身得到增长，反之，源于痛苦的欲望，会因痛苦情感自身而受到压制。因此，源于快乐的欲望的力量，必然同时受到人自身和外界因素的力量的影响，反之，源于痛苦的欲望的力量，只由人的力量决定。因此，前者比后者更强烈。

注释：在这几个论点里，我已经对人性的弱点、犹豫不决以及人们为什么不遵从理性的指导进行了说明。现在我想说的是，理性的规律是什么、哪些情感符合理性的规律、哪些情感不符合理性的规律。但在我进行严谨的论证之前，我想先对理性的指导的性质加以简单说明，便于大家理解。理性是不违反自然的事物，理性在于爱自己、遵循自身利益最大化。同时，每个人都力求维持自身的存在。这些必然都是真理，就像全体大于部分一样，毫无疑问是真理。根据第四部分概念界定八，德行是指依照人的本性而为，根据第三部分论点七，既然每个人只有依照自己的本性而为，才能维持自身的存在，由此可以推出：第一，德行的基础是维持自身存在的努力，而人的幸福就在于维持自身的存在；第二，德行是德行自身的目的所在，除德行外，对我们来说世间没有更有价值的东西，能够达到德行所欲求的目的；第三，凡是自寻短见的人，都是心灵脆弱的人，会被与他们性质不一致的外界因素所征服。

其次，根据第二部分公理四可知，为了维持自身的存在，我们不能隔断与外界的来往而独立生存。比如，如果我们的思维是独立于外界而存在的，那么除自己外，没有人认识我们，我们的认知也得不到完善。因此，在我们自身之外，存在着许多对我们有益的东西，我们需要追求。这些事物中，特别是那些与我们本性一致的事物，价值是最大的。例如，当两个本性完全相同的人在一起时，他俩就构成了一个整体，相比单个独立的人来说，更强有力。因此，除了人之外，没有别的东西对人的益处更大，人维持自身存在的价值，在于力求所有的人都能和谐一致，使所有人的思维和人体就像一个人的思维和人体一样，大家团结一致，努力维持自身的存在，追去全体公民的共同福利。由此可见，凡是受理性指导追求自身利益的人，他们所追求的东西，不仅是为自己、同时也是为别人。因此，他们都是公正的、忠诚的、品德高尚的。

以上这些就是我在进行严谨论证之前，对理性指导的性质的简单说明。很多人认为人人追求自身利益是不虔诚的、不道德的，希望上面的论述能引起这些人的注意。我已经简单阐述了他们所信仰的原则刚好与事实相反，现在我将继续用这种方法来论证我的观点。

论点十九：人人都会依照自身性质的规律，追求或避免自己认为

是善的或是恶的事物。

论据：根据第四部分论点八，善恶的本质就是我们意识到快乐和痛苦的情感。因此，根据第三部分论点二十八，每个人都努力追求自己认为是善的事物，避免自己认为是恶的事物。但是，根据第三部分论点九的注释、冲动的定义、第三部分情感的定义一，这种欲望不是别的，正是人的本质。因此，当人人依照自己的本性规律行事，必然会追求自己认为是善的事物，而避免自己认为是恶的事物。

论点二十：如果某人越能够努力地寻求自己的利益、维持自身的存在，那么他就越具有德行。反之，如果某人忽略自身的利益、忽略维持自身的存在，那么他就越懦弱无能。

论据：根据第四部分概念界定八，德行是人的力量自身，这种力量是由人的本性决定的。换言之，根据第三部分论点七，德行是由人维持自身存在的努力所决定的。因此，如果某人越能够努力地寻求自己的利益、维持自身的存在，那么他就越具有德行。反之，如果某人忽略自身的利益、忽略维持自身的存在，那么他就越懦弱无能。

注释：由此可见，除非某人被外界因素、或与自身性质不一致的因素征服了，不然没有人会忽视追求自身的利益或维持自身的存在。在我看来，没有人会出于本性绝食或自杀，除非被外界因素逼不得已。而被迫自杀又有许多不同的形式。比如，某个人右手拿着刀，意外被别人扭转过来，向着自己的胸膛刺去，而被迫自杀；或者，某个暴君命令臣子割开自己的血管，像塞内卡人一样，忍受较小的灾害，避免较大的灾害。又比如，许多潜伏着的外在因素也可以支配人的想象、影响人体，使得人具有与本性不同的性质，根据第三部分论点十，思维中原先并没有这种性质的观念。因此，只要稍加思考就可以看出，要求某个人遵循本性而去努力毁灭自身的存在、或把自己改变成别的形式，简直相当于无中生有，是不可能的。

论点二十一：一个人如果不能行动、生活、真实存在，就不可能欲求得到快乐、正确地做事、好好地生活。

论据：这个论点显而易见，根据欲望的定义也很容易理解。因为根据第三部分情感的定义一，不论是正确得做事、或是快乐生活的欲望，都是人的本质，即人维持自身存在的努力。因此，一个人如果不要求真实存在，快乐生活的欲望也就无从谈起。

论点二十二：努力维持自身的存在是人的第一德行，没有任何德行是先于此德行的。

论据：根据第三部分论点七，努力维持自身存在是事物的本质。因此，假设存在某个先于维持自身存在的德行，那么根据第四部分概念界定八，事物的本质先于事物自身，这是荒唐的。

推论：努力维持自身存在是所有德行的唯一基础。

论点二十三：如果某个人受不正确的观念影响，而做出某种行为，那么他肯定不是遵循德行而为。只有当他理解后采取的行为，才能说是遵循了德行。

论据：根据第三部分论点一，如果某个人受不正确的观念影响而采取行为，那么他是被动的。这就是说，根据第三部分概念界定一和二，他做的这件事情不能遵从他的本质加以理解，或者根据第四部分概念界定八，他做这件事情没有遵循他的德行。但是，根据第三部分论点一，如果他是在理解后采取行为，那么他便是主动的，他做这件事情是遵循了自身的本质和德行。

论点二十四：绝对遵循自己的德行，不是别的，就是在理性的指

导下，追求自身的行为、生活或存在。

论据：根据第四部分概念界定八，绝对遵循德行而为，不是别的，只是遵循自身的本性规律而为。但是根据第三部分论点三，只要当我们理解时，我们才处于主动地位。因此，绝对遵循自己的德行，不是别的，就是在理性的指导下，追求自身的行为、生活或存在。

论点二十五：没有人努力维持自身的存在，是为了别的事物。

论据：根据第三部分论点七，事物维护自身存在的努力，是由事物的本质决定的。根据第三部分论点六，这种努力源于事物的本质，而不是其他事物的本质。另外，根据第四部分论点二十二，这个论点也显而易见。因为如果说一个人努力维持自身存在是为了别的事物，那么这个事物便成了他的德行的基础，但是这是不通的。因此，没有人努力维持自身的存在，是为了别的事物。

论点二十六：一切基于理性的努力，是为了理解事物；思维在理性的指导下，只承认那些有助于理解的事物。

论据：根据第三部分论点七，维持自身存在的努力不是别的，而是事物的本质。根据第三部分论点六，一个事物既然存在，那么必然存在维持其存在力量。根据第二部分论点四十的注释二，理性的本质是思维的清晰理解。因此，根据第二部分论点四十一，一切基于理性的努力必然指向理解。其次，思维在理性的指导下，努力维持自身的存在，这种努力不是别的，而是指向理解的努力，根据第四部分论点二十二，这种指向理解的努力是德行的唯一基础，根据第四部分论点二十五，我们努力理解事物并不是为了其他目的。反之，根据第四部分概念界定一，思维在理性的指导下，除了承认能促进理解的事物为善外，不会想象别的善的事物。

论点二十七：除了那些真正能促进或阻碍理解的事物外，我们不确信什么是善、什么是恶。

论据：根据上一个论点，思维在理性的指导下，只承认那些能促进理解的好的事物。但是根据第二部分论点四十的注释、四十一、四十三及其注释，思维只有在具备充分的观念、用理性加以思考时，才具有确定性。因此，除了那些真正能促进或阻碍理解的事物外，我们不确信什么是善、什么是恶。

论点二十八：思维中最高境界的善是对神的认知，最高的德行是理解神。

论据：思维所能理解的最高境界是神，因为根据第一部分概念界定六，神是无限存在的，根据第一部分论点十五，离开神，任何事物都不存在、不能被认知。因此，根据第四部分论点二十六、二十七，对思维益处最大的是对神的认知。其次，根据第三部分论点一和三，只有当思维理解了某个事物时，它才处于主动状态，根据第四部分论点二十三，思维此时才是无条件地遵循德行而为。因此，思维的绝对德行就是理解。我们已经证明，思维所能理解的最高境界就是神，因此，思维的最高德行就是理解神。

论点二十九：任何与我们性质不同的事物，既不能提高我们的行为能力，也不能阻碍我们的行为能力；一般来说，凡是与我没有任何共同点的事物，对我们来说既无害处、也没有好处。

论据：根据第二部分论点十的推论，一切事物的力量，包括人的力量，即维持自身存在的力量，根据第一部分论点二十八，只能被与我们自身性质相同的事物所影响。这就是说，我们的行为能力受到与我们性质相同的事物的影响而增强或减弱，而不能被与我们性质完全不同的事物所影响。但是，根据第四部分论点八，一个事物是善是恶，是根据它是快乐或痛苦的原因来判断的，换言之，根据第三部分论点十一的注释，这个事物会增强或减弱我们的行为能力；反之，如果这个事物与我们的性质完全不同，那么它对于我们说，就既无害处、也没有好处了。

论点三十：我们与事物本性的共同点，不会对我们产生坏处，反之，当事物违反了我们的本性时，才会对我们产生坏处。

论据：根据第四部分论点八，某个事物是痛苦的根源，根据第三部分论点十一的注释，即此事物减弱了我们的行为能力，那么我们说这个事物是恶的。假设我们与事物的本性共同点对我们产生了坏处，那么此事物是恶的，它会减弱我们与此事物的本性共同点，而根据第三部分论点四，这是矛盾的。因此，我们与事物本性的共同点，不会对我们产生坏处，反之，当事物违反了我们的本性时，才会对我们产生坏处。

论点三十一：与我们本性一致的事物，必然是善的。

论据：根据第四部分论点三十，凡是与我们本性有共同点的事物，不会对我们产生坏处。因此，这个事物或者是善的、或是是不好不坏。假定这个事物是不好不坏，那么根据第一部分公理三和第四部分概念界定一，这个事物与我们的本性没有任何共同之处，但根据第三部分论点六，这是矛盾的。因此，与我们本性一致的事物，必然是善的。

推论：由此推出，某个事物越符合我们的本性，那么这个事物对我们就越有好处；反之，如果某个事物对我们的好处越多，那么这个事物与我们的本性便越一致。

论点三十二：因为人们受到情感的束缚，从这个意义来说，人的本性是不和谐的。

论据：根据第三部分论点七，凡是生性和谐的事物，在力量上是对等的，而不是在否定性方面是一致的，但在情感上是不对等的。因此，如果人受到情感的束缚，从这个意义来说，人的本性是不和谐的。

注释：这个论点显而易见。如果某人说黑色与白色的共同点是在于两者都不是红色，那么他相当于是说黑色与白色毫无相同之处。同理，如果某人说石头和人的唯一相同点是在于两者都是有限的、都不是基于本性而必然存在的、都受到外界因素的无限影响，那么他也相当于说石头和人没有共同点。因为，事物与事物之间，如果只是在否定性上一致、在两者都缺乏的方面一致，那么这两者之间相当于毫无共同点。

论点三十三：人的本性是不同的，因为人受到不同情感的束缚，因此即使是同一个人，他也会是多变的、不稳定的。

论据：根据第三部分概念界定一和二，情感的本质不能通过我们的本质加以解释，而是必须通过外界因素的力量与我们的本质相比较得出。因此，根据第三部分论点五十一，激发我们情感的事物种类越多，我们的情感种类也就越多；同时，人在不同时刻受到同一个事物的影响，人的情感也是不同的。因此，即使是同一个人，他也会是多变的、不稳定的。

论点三十四：只要人们受到情感的控制，那么他们之间便可能互相对立。

论据：假设有个人叫彼得，他是使保罗痛苦的原因，因为根据第三部分论点十六，他可能拥有一个与保罗所恨的东西相似的事物；或者，根据第三部分论点三十二及其注释，他单独占有一个保罗爱好的事物。因此，根据第三部分情感的定义七，保罗会恨彼得，根据第三部分论点四十及其注释，反过来彼得也会恨保罗。根据第三部分论点三十九，他们就会互相伤害，换言之，根据第四部分论点三十，他们会互相对立。但是根据第三部分论点五十九，痛苦是一种被动的情感，因此，只要人们受到情感的控制，那么他们之间便可能互相对立。

注释：我之所以说保罗可能会恨彼得，是因为保罗或许觉得彼得独占了自己爱好的某个事物。乍一看，似乎两人有共同的爱好，他们的本性一致，所以才互相伤害。如果这个观点是对的，那么第四部分论点三十和三十一，就是错误的。但是如果我们从更广泛的角度去考察事物，我们会发现，其实两种说法是不矛盾的。因为彼得与保罗互相伤害，并不是因为本性一致，换句话说，并不是因为他们爱好同一个事物，而是因为两者存在差异。因为，根据第三部分论点三十一，如果两个人的爱好相同，那么每个人对此事物的爱将增加，换言之，根据情感的定义六，两个人的快乐也会增加。因此，他们互相伤害，并不是因为两人爱好相同、本性一致，而不外乎是我所猜测的，他俩本性存在差异。因为，彼得占有了所爱的事物，而保罗没有拥有此事物，所以彼得会感到快乐，而保罗会感觉痛苦，他们俩因此而互相伤害。同理，我们可以推出，恨的起源是不同人之间的人性差异，而不是人性的一致。

论点三十五：人只有遵循理性的指导生活，人性才能永远和谐一致。

论据：根据第四部分论点三十三，人只要受到情感的影响，本性必然就会存在差异，根据第四部分论点三十四，人便会互相对立。根据第三部分论点三，人只有遵循理性的指导而生活时，才处于主动状态，因此，根据第三部分概念界定二，对于理性的行为，必须从人性的角度去加以理解。但是，根据第四部分论点十九，每个人必然都遵循自身的规律去追求自己认为是善的东西，而避免自己认为是恶的东西。根据第二部分论点四十一，凡是依照理性的指导判断事物的善恶时，这种判断必然是正确的。由此可知，人们只有遵循理性的指导而生活，才能做出有益于自身和别人的事情。换言之，根据第四部分论点三十一的推论，人们所做的事情才符合人的本性。因此，人只有遵循理性的指导生活，人性才能永远和谐一致。

推论一：世间没有任何事情比遵循理性的指导生活更有益于人。根据第四部分论点三十一的推论，对人最有益的事物必然是与人的本性相符的。根据第三部分概念界定二，人只有在遵循理性而生活时，才能说他是绝对遵循了自身的本性规律，根据第四部分论点三十五，只有这样，他的本性才能与别人一致。因此，世间没有任何事情比遵循理性的指导而生活，更有益于人。

推论二：人们只有愈加追求自身的利益，人们彼此间的益处才会更大。因此，根据第四部分论点二十七，人越是努力追去自身利益、维持自身存在，他的德行才越高，根据第四部分概念界定八，就是说他才有更强的力量去依照自身的本性规律行动，根据第三部分论点三，他才能遵循理性的指导而生活。根据前一个论点，人只有遵循理性的指导生活，人性才能永远和谐一致。因此，根据前一个推论，人们只有愈加追求自身的利益，人们彼此间的益处才会更大。

注释：生活中的很多例子可以证明我们前面的观点。如俗话说，“每个人都是别人的上帝”。我承认，实际上很少有人真正遵循理性的指导而生活，相反，人与人之间更多的是互相妒忌、互相残害。但是，人又是一种不甘寂寞的动物，所以说人是社会的动物。从人类的社会生活而言，利还是大于弊的。无论玩世不恭的人如何嘲笑别人、自恃高尚的人如何斥责世人的污浊、悲观的人如何赞许原始生活和动物，经验告诉我们，通过人之间的互相扶持，大家可以各获所需，通过力量的联合战胜威胁人类生存的各种灾难。关于人类在研究人的行为方面，相比研究动物更值得、具备更丰富的知识这一点，我将在其他地方加以阐述。

论点三十六：那些遵循德行而为的人所拥有的最大好处是相同的，而且人人都可以平等地享有。

论据：根据第四部分论点二十四，所谓遵循德行而为，即遵循理性的指导而为。根据第四部分论点二十六，一切遵循理性而为的努力，即为力求理解的努力。因此，根据第四部分论点二十八，遵循德行而为的人的最高境界在于理解神。这就是说，根据第二部分论点四十七及其注释，所谓最大的好处就是大家共同拥有的好处，就是人人都具有相同的本性，因此人人都可以平等地享有。

注释：假设遵循德行而为的人的最大好处不是人人共同拥有的，那会发生什么情况？根据第四部分论点三十五，那些遵循理性指导而生活的人、或是本性一致的人，彼此之间会不会互相对立呢？最大的好处之所以能为大家共同拥有，是因为基于理性本身而言的，而不是偶然的事件，最大的好处是源自于人的本质、而人的本质又是由理性决定的，假如人不能享有这种最大的力量，那么根据第二部分论点四十七，神的永恒无限性本质在于对人的思维具备充分的认知，人就不存在了。

论点三十七：遵循德行而为的人，在为自身追求好的事物时，也愿意为别人去追求，这种追求的欲望的程度，是与这个人对神的认知程度成正比的。

论据：根据第四部分论点三十五的推论一，只要人遵循理性的指导而生活，对大家的利处是最大的。因此，根据第四部分论点十九，当我们在遵循理性的指导而生活时，我们必然也努力地使别人也遵循理性的指导。根据第四部分论点二十六，遵循理性指导的人，必然是建立在理解的基础上的，所以他也愿意为别人去追求。其次，根据情感的定义一，欲望是思维的本质，但是根据第二部分论点十一，思维的本质涉及对神的认知，如果对什么没有认知，那么思维的本质也就不复存在，根据第一部分论点十五，也就不能被认识。因此，遵循德行而为的人，在为自身追求好的事物时，也愿意为别人去追求，这种追求的欲望的程度，是与这个人对神的认知程度成正比的。

根据第三部分论点三十一，如果某人发现自己所追求的好的东西，别人也在追求，那么他对这个东西的爱将更强烈。因此，根据第三部分论点三十一的推论，他会努力使别人也爱这个东西。但是，根据第四部分论点三十六的推论，最大的好处是人人都能享有的，因此他将努力使别人也能享受这种好处。根据第三部分论点三十七，如果他自身越享受于此好处，那么他也会让别人愈加享受于此好处。

注释一：如果某人纯粹是出于自身的情感而使别人爱己之所爱、按照自己的方式生活，那么他的行为是冲动的，使得别人恨他，特别是那些爱好不同的人、那些跟他一样希望别人按照自己的方式生活的人会恨他。因为出于情感去追求最大的好处时，通常情况下只有一个人能占有那个事物，而具有共同爱好的人，他们心里想的并不一样，当某人赞赏某个自己所爱的事物时，他们同时又害怕别人会相信他们的话。反之，一个遵循理性指导的人，他的行为不是冲动的，而是出于仁爱，因此，他们内心也是一致的。

当我们对神有所认知的时候，我们的欲望和行为都是源自于自身，我认为这就是宗教信仰。那些遵循理性指导生活的人，为他人谋福利的欲望，称之为虔诚。那些遵循理性指导生活的人，努力想与他人做朋友的欲望，称为尊敬。所谓尊敬的行为，就是那些受到遵循理性生活的人赞赏的行为。反之，那些破坏友谊的行为，称为卑鄙的行为。另外，我又说明了什么是一个国家的基础、良好的德行和软弱的区别。良好的德行不是别的，就是遵循理性的指导生活；而软弱不是别的，就是把自身置于别人的支配中、根据外界事物的需求而不是自身的本性需求行事。

以上就是我在第四部分论点十八中承诺要论证的观点。由此可知，那些禁止屠宰畜生的禁令，只是基于迷信和妇人之仁，而不是基于理性。因为理性要求我们尊重自身的利益、与人交友，并没有要求我们与畜生交友、或与同自身本性不同的事物交友。原先人和畜生拥有同等的权力，但是事物的权力大小是由他的能力所决定的，人的能力较强，因此获得了支配畜生的权力。虽然畜生也有情感，但是我不认为因此我们就可以不尊重自身的利益，牺牲自身利益以造福畜生。因为，畜生与人类的本性是不一致的，根据第三部分论点五十七，所以畜生的情感与人类的情感是不同的。

此外，我想我还需要解释一下什么是公正和不公正，什么是罪和功。请看下面的注释。

注释二：我曾在第一部分的注释中提到过，我要对赞扬和责备、功和罪、公正和不公正略加说明。在第三部分论点二十九的注释中，我已经对赞扬和责备的意义加以说明，现在我将对其它的概念加以解释。首先，我想对自然人和社会人的概念加以区别。

自然授予了每个人生存的权利，因此，每个人的行为必然是出于他的本性；每个人都能辨别什么对自己有益或有害；根据第四部分论点十九和二十，每个人按照自身的方式追求利益；根据第三部分论点四十的注释二，每个人为了仇恨报复别人；根据第三部分论点二十八，每个人努力维护自己所爱的事物、毁灭自己所恨的事物。如果每个人都能遵循理性指导的生活，那么根据第四部分论点三十五的推论一，人人都可以既维护自身的权利，又不会损害别人的权利。但是根据第四部分论点四的推论，人都受到情感的束缚，而根据第四部分论点六，这种情感的力量有超越了人的能力，因此根据第四部分论点三十三，人往往会受到不同的诱惑而选择不同的方向，同时根据第四部分论点三十四，人会彼此对立起来。

由此可见，要想使人与他人和平共处、互帮互助，那么他就必须放弃自身的权利、彼此信任。至于如何才能使人做到彼此信任，我们在第四部分论点七和第三部分论点二十九中已经说得很明白，任何情感只能被另一种较强的情感所克制，人会因为畏惧较大的灾害而停止做损害别人的事。这个规律或许可以作为建设社会的基础，只要社会控制了个人用来报复损害别人的权利，把这种权利交给社会来执行，那么社会就可以规范人类的共同生活方式、制定法律维护秩序，但是法律的有效实施靠的不是理性，而是刑罚，因为根据第四部分论点十七的注释，情感并不受理性的控制。这种建立在法律和个人存在的力量基础上的社会，称为国家，受国家的法律保护的个人，称为公民。由此可知，人作为一个自然人的时候，每个人都各自追求自身的利益，人之间并不存在一致的善恶观念，个人完全受控于自己，不受法律或他人的约束，所以在这种情况下，没有罪的概念。反之，在社会人的情境下，每个人都受到法律的约束，有着共同的善恶观念。因此，罪不是别的，就是国家的法律对那些不遵守法律的人的惩罚。相反，如果公民服从国家法律的规范，那么他就是有功劳的。其次，在自然人的情况下，任何事物的归属都是不明确的，人人都可以拥有一切事物，因此互相争夺的现象不足为奇。这就是说，在自然人的状态下，没有公正或不公正之说。而在社会中，事物的归属是很明确的，由此产生了公正或不公正的概念。因此，公正或不公正、功或罪都是外在的概念，不是思维的属性。我想讨论到此已足矣。

论点三十八：凡是能支配人体接收多方面的影响，或使人体通过多种方式影响外界物体的事物，对人都是有好处的。如果某个事物愈能使人体适应多方面的影响，或影响外界物体，那么这个事物的益处就越大。反之，如果某个事物使人体愈不适应多方面的影响，或影响外界物体，那么这个事物的害处就越大。

论据：根据第二部分论点十四，如果人体的适应力越强，那么思维认知事物的能力就越大。因此，根据第四部分论点二十六和二十七，凡是能使人体适应多方面的影响的事物，必然是有益的。反之，根据第二部分论点十四，如果某物使得人体愈不能适应多方面的影响，那么此物的害处就越大。

论点三十九：凡是能使人体各部分保持一定的动静比例的事物，

是有益处的，反之，那些能改变人体各部分动静比例的事物是恶的。

论据：根据第二部分公理四，人体的存在依赖于许多其他的事物。根据第二部分论点十三后面的辅助定理四前面定义，人体的构成形式是，人体的各部分能够按照某个比例传达运动状态。因此，凡是能保持人体各部分保持一定的动静比例的事物，就可以保持人体的形式，根据第二部分公理三和六，人体因此可以接受多方面的影响、或影响外界物体，根据前一个论点，这个事物是有益处的。其次，凡是能改变人体各部分的动静比例的事物，即可以改变人体的形式，那么根据第四部分序言末，这个事物足以损害人体，使人体不能接受多方面的影响，因此根据前一个论点，这个事物是恶的。

注释：刚才所说的这些事物，对思维是否有益，我们将在第五部分加以阐述。但是，在这里必须说明的是，我认为当人体各部分的动静比例失调后，人体就相当于死亡了。但是我不敢确定，人体在固有的性质被改变的情况下，是否可以通过血液循环或其它特征仍然保持活着。因为没有确凿的证据表明，人体变成死尸时，人才是死的。经验似乎告诉我们一个相反的情况：有时人体发生了很大变化，几乎都不是同一个人，例如西班牙有一个诗人大病愈后，他失忆了，忘记自己曾经写过小说和戏剧，如果他甚至把方言都忘了，那么他可以算是个低能儿了。如果说这个例子没有说服力，那么我们该如果解释儿童的心理呢？因为成年人总是倾向于认为儿童的本性与自己是不同的，如果不是因为目睹了别人的成长经历，他几乎都不相信自己曾经也是个儿童。为了避免使迷信的人联想出新的问题，对于这一点，就到此为止。

论点四十：凡是有利于人类的社会生活，或使人和谐共处的事

物，都是有益的；反之，凡是能引起一个国家的不和谐的事物，都是恶的。

论据：根据第四部分论点三十五，凡是能使人和谐共处、遵循理性生活的事物，都是有益的；反之，同理，凡是引起冲突的事物，都是恶的。

论点四十一：快乐自身而言是善的，而痛苦自身就是恶的。

论据：根据第三部分论点十一及其注释，快乐是一种有助于提高人体行为能力的情感。反之，痛苦是一种减弱人体行为能力的情感。因此，根据第四部分论点三十八，快乐自身而言是善的，而痛苦自身就是恶的。

论点四十二：欢乐永远不会过多，都是善的，而忧郁永远都是恶的。

论据：根据第三部分论点十一的注释，欢乐是一种人体各部分都能感受到的快乐，换言之，根据第三部分论点十一，人体的各个部分彼此间维持着一定的动静比例，因此，根据第四部分论点三十九，欢乐无论多少永远都是善的。但是根据第三部分论点十一的注释，忧郁是一种减弱人体能力的痛苦，因此，根据第四部分论点三十八，忧郁永远都是恶的。

论点四十三：激励过多或许是恶的，反之，悲痛在激励是恶的时候，或许是有益的。

论据：根据第三部分论点十一的注释，人体各部分受到的快乐或激励是不同的，根据第四部分论点六，这种情感或许足以控制或阻碍人体的某些行为，使人体不适应来自多方面的影响。因此，根据第四部分论点三十八，激励过多或许是善的。根据第四部分论点四十一，悲痛是一种痛苦，所以是恶的。但是根据第四部分论点五，痛苦的力量大小是由外在因素和我们力量的抗衡决定的。因此，根据第四部分论点三，悲痛能够减弱人体的适应能力，从而限制过多的激励，在这种情况下，悲痛是有益的。

论点四十四：爱或欲望或许会过度。

论据：根据情感的定义六，爱是一种源于外在因素观念的快乐，因此，根据前一个论点，爱或许会过度。而根据第三部分论点三十七，欲望的强烈程度是与欲望产生的情感的强烈程度成正比的。根据第四部分论点六，一种情感能够阻碍人体的某些行为，那么源自于这种情感的欲望，也必然超越其他的欲望，所以欲望或许会过度。

注释：我所谓的那种欢乐，容易想象，但是很难在现实中注意到。因为，日常生活中，我们的情感大部分源于人体某个部分，而这个部分强于其他部分，因此大多数情感都会过度地集中在某个事物上，从而思维难于思考其它事物。

虽然人受到多种情感的束缚，但是长时间受到同一种情感支配的人很罕见。不难发现，有时候一些人受某个事物影响，即使这个事物并不存在，使得他们设想这个事物是存在的。如果这种现象不是发生在梦中，那么我们说这个人肯定是发疯了。而那些处于热恋中的男女，无论白天黑夜都想着自己的爱人，也可以说是一种疯狂。而那些贪婪的人，整日就想着金钱；比较虚荣的人，整日想着名誉；这些人因为只关注自己爱的事物，从而做出一些有损他人的事情，招来众人的怨言，也可以说是一种疯狂。虽然现实中，我们没有把贪婪、虚荣和好色列为病症，但其实与疯狂的人相比也没有什么差别。

论点四十五：恨肯定是没有益处的。

论据：根据第三部分论点三十九，我们会努力去毁灭那些我们所恨的事物，换言之，根据第四部分论点三十七，我们便会努力去作恶。因此，恨肯定是没有益处的。（我在这里所指的恨是只针对人而言的）

推论一：嫉妒、嘲笑、轻蔑、愤怒、仇恨，以及所有与恨相关或由恨引起的情感，根据第三部分论点三十九、第四部分论点三十七，都是没有益处的。

推论二：凡是源于恨的欲望，而且在社会中是不公正的，根据第三部分论点三十九、第四部分论点三十七的注释，都是卑鄙的。

注释：我在上面的推论中说嘲笑也是恶的。在这里，我想说的是嘲笑与笑之间是有很大区别的。因为根据第四部分论点四十一，笑和诙谐一样，只要是适度的，都只是单纯的快乐。诚然，除了郁闷的迷信的人外，没有人会禁止自己享乐。为什么满足人的饥饿和渴的需求比清除人的忧郁更符合自然规律呢？我有一些深信不疑的理由：没有任何人或神，会以别人的懦弱、烦恼、恐惧为乐，除非他妒忌这个人。相反，如果我们越快乐，我们就会感到更完美。因此，如果一个人能充分享用用我们遇到的事物，那么他就具备了一个智慧的人的部分素质，如有节制地享用美食、品尝美酒、观赏美景、听音乐、看戏剧等，凡是能使自身得到快乐，而又没有损害别人，就可以说是有智慧的人的生活方式。因为人体是一个复杂的复合体，需要营养的滋养品补充精力，才能使思维充分发挥其功能，使人能够适应环境，了解环境。这样的生活方式最符合我们的原则和一般规律。虽然还存在着许多其他的生活方式，但是我们所说的这种是最优的，这不需要过多的说明。

论点四十六：一个遵循理性指导而生活的人，往往会用爱或善良来回报那些恨他或侮蔑他的人。

论据：根据第四部分论点四十五的注释，一切源于恨的情感都是有害的。根据第四部分论点十九，凡是遵循理性指导生活的人，都尽可能使自己不被恨的情感所控制，因此，根据根据第四部分论点三十七，他会努力使别人受到恨的痛苦的影响。根据第二部分论点四十三，恨可以加倍，却可以被爱融化，根据第二部分论点四十四，恨可以转变成爱。因此，根据第三部分论点五十九的注释，一个遵循理性指导而生活的人，往往会用爱或善良来回报那些恨他或侮蔑他的人。

注释：一个以恨来报复人的人，必定会生活在悲惨之中。反之，一个用爱去融化恨的人，必然是快乐的，充满奋斗的信念。因为，他可以不用借助任何人的力量，去征服多数人。而且，用这种方法去征服别人，往往能使对方心悦诚服，同时增加了自身的力量。这些道理可以从爱和理解的定义简单推出，不用逐一证明。

论点四十七：希望和恐惧的情感自身是没有益处的。

论据：希望和恐惧的情感是伴随着痛苦而存在的。根据情感的定义十三，恐惧是一种痛苦，希望伴随着恐惧而存在。根据第四部分论点四十一，这些情感本身都是没有益处的，只有在它们限制了过度的快乐时，才是有益的。

注释：希望和恐惧体现了知识的缺乏和思维的懦弱无能。同理，信心、绝望、安慰和懊悔，都是思维懦弱无能的体现。虽然信心和安慰是属于快乐的情感，但是这种情感是以痛苦、希望和恐惧为前提的。因此，如果我们愈能够遵循理性指导而生活，那么我们就越能够不靠希望而活，而是去清除恐惧，从而掌握自己的命运，用理性的忠告指导我们的行为。

论点四十八：过奖和蔑视的情感是有害的。

论据：根据情感的定义二十一和二十二，过奖和蔑视的情感是违反理性的，根据第四部分论点二十六和二十七，这种情感是有害的。

论点四十九：过奖容易使人变得骄傲。

论据：有些人会因为爱而过分夸奖，根据第三部分论点四十一的注释，我们会因此感到荣幸、快乐。根据第三部分论点二十五，我们会相信别人对我们的夸奖，从而我们会变得自恃过高，换言之，根据情感的定义二十八，我们会变得骄傲。

论点五十：怜悯本身是善的，但是对于一个遵循理性指导生活的人而言，是没有益处的。

论据：根据情感的定义十八，怜悯是一种痛苦，因此根据第四部分论点四十一，这种情感自身是有害的。而根据第三部分论点二十七的推论，怜悯是一种努力帮助别人消除痛苦的欲望，根据第四部分论点三十七，这种情感是完全出于理性的指导的。根据第四部分论点二十七，只有源于理性指导的行为，才是善的。因此，怜悯本身是善的，但是对于一个遵循理性指导生活的人而言，是没有益处的。

推论：由此可知，一个遵循理性指导而生活的人，会努力使自己不为怜悯之情所影响。

注释：一个能正确理解事物的人，必然遵循了神的属性，与自然的规律和性质达成了一致，他不会发现任何值得恨、笑或轻视的事物，因而也不会怜悯任何人，但是他会尽其所能去行善，也就是寻求快乐。一个容易受怜悯的情感所影响的人，通常会被别人的苦难或眼泪所蒙蔽，因而做出一些让自己后悔的事情，在这里我指的是遵循理性指导生活的人。一个人如果既不是因为理性、也不是因为怜悯去帮助别人，那么这个人只能被定位为是野蛮的，而根据第三部分论点二十七，这样的人似乎就不是人了。

论点五十一：认同与理性并不是不一致，相反，认同是符合理性的，而且是可以源自于理性的。

论据：根据情感的定义十九，认同是对行善的人的爱。因此，根据第三部分论点五十九，认同与主动的思维相关。换言之，根据第三部分论点三，认同是建立在理解的基础上的，因此认同是符合理性的。

根据第四部分论点三十七，一个遵循理性指导而生活的人，不但努力追求自身的利益，同时也愿意为别人追求利益。因此，当他看见别人做善事时，他也会更努力地做善事。换言之，根据第三部分论点十一的注释，他会感到快乐，而且他的快乐也伴随着别人行善的观念。因此，根据情感的定义十九，他会对那个人产生认同的情感。

注释：根据情感的定义十二、第四部分论点四十五，愤怒必然是有害的。但是，当国家的最高权力机关为维护治安，而惩罚某个损害他人利益的公民时，不能说国家对公民是愤怒的。因为在这种情况下，惩罚公民并不是出于恨的情感，而是执行国家的法律。

论点五十二：自我肯定或许是源于理性；源于理性的自我肯定，才是最高的自我肯定。

论据：根据情感的定义二十五，自我肯定是当一个人评估自己的能力时感到的快乐。但是根据第三部分论点三，人的真实能力就是理性；而根据第二部分论点四十和四十三，理性就是能清晰理解目标对象。因此，自我肯定是源于理性的，根据第三部分概念界定二，当一个人评估自己时，他只会去想那些自己能力范围内能清晰、明确认识的事物。因此，源于理性的自我肯定，才是最高的自我肯定。

注释：自我肯定是我们所希望的最高目标。因为根据第四部分论点二十五，没有人会为了别人而努力维持自身的存在。根据第三部分论点五十三的注释，这种肯定会因为别人的称赞而加强，反之，根据第三部分论点五十五的推论，会因为别人的责备而减弱。因此，大多数人都会被荣誉牵着所主导，因为他们受不了耻辱的生活。

论点五十三：谦卑不是一种德行，或者说谦卑不是源于理性。

论据：根据情感的定义二十六，谦卑是一种源于自己的懦弱无能的痛苦。但是，如果人能够正确理性地认识自己，那么他就能够理解自己的本质，根据第三部分论点七，即自身的能力。因此，根据第三部分论点五十五，如果一个人发现了自己的弱点，这种认识并不是源于对自己的理解，而是因为自己的行为能力受到了阻碍。但是，如果我们假设：某人认识到自己的软弱，是因为他发现了一个比自己实力更强的人，在这种情况下，我们说他对自己有了一个清晰的理解，根据第四部分论点二十六，他的能力也会因此增加了。因此，谦卑是人认识到自己的软弱，而不是源于理性，谦卑不是一种德行，它只是一种被动的情感。

论点五十四：懊悔不是一种德行，也不是源于理性；相反，一个对自己行为感到懊悔的人，必然承受着双倍的痛苦。

论据：这个论点前半部分的证明方法与前一个论点相同，论点的后半部分可以根据第二部分情感的定义二十七懊悔的定义推出。一个对自己行为感到懊悔的人，首先他被恶的欲望所征服了，其次，他受到了痛苦情感的困扰。

注释：人很少能够遵循理性的指导而生活，因此谦卑和懊悔的情感、希望和恐惧的情感，对人的利大于弊。人难免会犯错，因此我们事后必然会有这种情感。因为，如果所有懦弱的人都感到自豪，那么他们必定毫无畏惧，那么他们何以联手共同生活？最可怕的事情是，无知者无畏。难怪一些先人愿意为多数人谋幸福，而不为少数人谋利，他们提倡谦卑、忏悔和尊敬。诚然，凡是受这些情感影响的人，更容易遵循理性的指导而生活，换言之，他们可以成为自由的人，享受幸福的生活。

论点五十五：极度的自豪或自卑，体现了对自身的极度无知。

论据：根据情感的定义二十八、二十九可知。

论点五十六：极度的骄傲或自卑，体现了极度懦弱的精神。

论据：根据第四部分论点二十二的推论，德行的原始基础是遵循理性的指导生活。因此，一个不能正确认识自身的人，他必然对所有德行也一无所知。其次，根据第四部分论点二十四，按德行而为，也就是遵循理性的指导生活。而根据第二部分论点四十三，一个遵循理性指导生活的人，必然理解自己的所作所为。因此，一个对自己、甚至所有德行都毫无认识的人，是最不可能遵循理性指导而生活的人，根据第四部分概念界定八，是精神最懦弱的人。因此，极度的自豪或自卑，体现了极度懦弱的精神。

推论：由此可知，骄傲和自卑的人最容易受到情感的束缚。

注释：自卑相对于骄傲，更容易得到改正，因为骄傲是一种快乐的情感，而自卑是一种痛苦的情感，根据第四部分论点十八可知，骄傲比自卑的情感更强烈一些。

论点五十七：骄傲的人喜欢拍他马屁的人，讨厌那些实话实说

的人。

论据：根据情感的定义二十八、六，骄傲是一种源于对自己的过高评价的快乐。根据第三部分论点十三的注释，骄傲的人会努力培养这种评价，因此他喜欢那些拍他马屁的人，讨厌那些实话实说的人。

注释：要想列举出骄傲的人的所有弊端，实在是太长。因为骄傲的人虽然受到情感的束缚，但是他们很少能够得到别人的爱和同情。在这里，我不可不提的是，有些人骄傲是因为他把别人看得过低。这种情况下，骄傲应该定义为是一个人对别人的过低评估而产生的快乐，而与此相反，自卑可以定义为是由于自己不如别人而产生的痛苦。由此，根据第三部分论点五十五的注释，我们可以很容易理解骄傲的人为什么会嫉妒别人。根据第三部分论点四十一的注释，这种妒忌不能够被爱或仁慈所征服的。因此，骄傲的人喜欢与那些拍自己马屁的人相处，而那些人事实上是欺骗了他，满足了他那软弱的心灵，由此使他成为一个愚昧的人、甚至是疯狂的人。

虽然自卑和骄傲看起来是对立面，但实际上自卑的人和骄傲的人却很接近。因为自卑的人是看到别人的能力比自己强，如果他眼中看到的只是比人的短处，那么他的痛苦就会减少，甚至变成快乐。俗话说，“难中得伴，愁绪减半”。相反，如果比别人相比之后，越发现不如别人，他就会感到越痛苦。因此，没有人比自卑的人更容易起嫉妒之心，他们时刻关注着别人的行为，为的不是帮助改正、而是指责别人的缺点。他由此称赞自卑，以自卑为荣，与此同时，仍然保持自卑的态度。这些都是从自卑的情感产生的属性，正如我们可以从三角形的本质，推出三个内角之和等于两个直角一样。我曾说过，类似这些的情感对于人类都是没有益处的。自然规律只涉及自然的共同秩序，人类只是其中的一部分。在此，我想附带说一下这一点，以免让大家认为我只是列举了人的恶行，而没有对事物的性质加以正确理解。在第三部分的序言中，我们在考察人类情感的性质，与考察自然事物的性质时，采取了同样的态度。诚然，人的情感如果不能体现人的能力，也足以体现自然的力量。以上讨论的目的，仅在于解析个别的情感，哪些有益于人，而哪些对人是有害的。

论点五十八：荣誉并不违背理性，相反，它是源于理性的。

论据：根据情感的定义三十、第四部分论点三十七的注释中有关荣誉的定义可推知此论点。

注释：虚荣是一种源于别人的肯定而产生的自满情感。当别人不再肯定后，这种自满也就消失了。根据第四部分论点五十二的注释，人的至爱也就消失了。因此，注重别人对自己的看法的人，必然活得很累，他的一切努力都是为了荣誉。因为众人的意见是变化不定的，而人如果不能维护自己的名誉，那他就会声名狼藉。人人都希望得到别人的赞赏，甚至为此不惜损害别人的名誉。因为大家都在为自己的最爱奔忙，由此会产生一种很强的欲望，为了获得荣誉，大家互相压制，最终荣誉似乎对自己没没有多大利处，而是更多地损害了别人的名誉。因此，荣誉或自满都是虚幻的，自己并没有真正得到满足，得到的只是虚荣。

关于羞耻，可以根据怜悯和懊悔的相关论点推知。在此，我只想简略补充几句：羞耻和怜悯一样，虽然不是一种德行，但是从人会因为怀有羞耻之心而产生高尚的情怀而言，它是有益处的。这与痛苦代表着人还没有麻木一样，从这个意义上来说是有益处的。因此，当一个人感到羞耻时，虽然他会痛苦，但与毫无羞耻之心的人相比，毕竟是完美不少。

以上就是我对快乐和痛苦情感所做的阐述，欲望的善恶是以产生欲望的情感的善恶为标准的。凡是我们的情感处于被动状态时，根据第四部分论点四十四的注释，由此产生的欲望必然都是盲目的，如果人很容易就能遵循理性指导而生活，那么这种欲望是没有益处的，接下来我会作简单论述。

论点五十九：当我们的思维和情感处于被动状态时，我们的行为不受理性的指导。

论据：根据第三部分论点三和概念界定二，理性的行为不是别的，就是遵循人的本性而为的行为。根据第四部分论点四十一，痛苦会减弱人的行为能力，因此是有害的，我们在痛苦的影响下不可能做出任何理性的行为。其次，根据第四部分论点四十一和四十三，当快乐阻碍了一个人的行为能力时，是有害的，从这个意义上来说，我们不会做出任何理性的行为。最后，当快乐是有益的时候，它与理性是和谐一致的，因为人的行为能力会由于快乐而增长；根据第三部分论点三及其注释，当人不能够理性地理解自己的行为时，他在情感上必然处于被动状态。因此，如果某人受到了快乐情感的影响，从而能正确理解自己的行为是否理性，那么他此时的行为将比他被动时的行为做得更好一些。但是，根据情感的定义四，所有的情感都是由快乐、痛苦和欲望三种元素组合而成的，而根据情感的定义一，欲望就是一种做事情的努力。因此，当我们的思维和情感处于被动状态时，我们的行为不受理性的指导。

我们之所以说某个行为是恶的，是因为这种行为受到了可恶的情感的影响。根据第四部分的序言，一个行为就自身而言，要么是善的、要么是恶的。同一个行为有时候是善的、有时候是恶的。根据第四部分论点十九，我们可以通过理性的指导，把某个受到恶的情感决定的行为，转化为善行。

注释：我将用一个例字加以说明，使大家更容易理解。例如，击打这个行为，从物理上来说，我们看到的事实只是，一个人举起胳膊，握着拳头，用力击打目标物体。这个过程只是从人体的结构角度来看的。但是，如果这个人是因为愤怒而产生这个行为，那么这个行为或许跟许多不同的想象相关，这种想象或许是模糊的、或许是清晰的。因此，如果人能够遵循理性的指导，那么源于被动的情感的欲望，将是徒劳的。由此我们知道，为什么一个源于被动情感的欲望是盲目的。

论点六十：源于快乐或痛苦的欲望，如果只是与人体的部分相关联，而与人的整体无关，那么这种欲望对整个人而言是无效的。

论据：假设人体的某个部分受到外力的影响而增强了，这个部分因此超越了人体的其他部分。根据第四部分论点六，这个部分会努力维持自身的力量，而人体的其他部分仍然各司其职，那么这个部分就具备了使自身力量消失的能力，根据第三部分论点六，这是矛盾的。因此，人体的部分会努力保持原有的状态，根据第三部分论点七和十二，思维也将努力保持这种状态。因此，源于片面的快乐情感的欲望，对整体的人而言是无效的。反之，如果人体的某个部分受到阻碍，使人体的其它部分占了上风，同理，也可以证明这种源于痛苦的欲望，对整体的人而言也是无效的。

注释：根据第四部分论点四十四的注释，大部分的快乐都只与人体的部分相关，因此，我们很难顾全人整体的健康情况，我们能做到的只是维持我们的存在。根据第四部分论点九的推论，那些支配我们欲望的情感，大部分只顾及到目前，而不会顾及将来。

论点六十一：源于理性的欲望是不会过度的。

论据：根据情感的定义一，欲望就是人的本质，人的本质就是人在任何情况下都会产生的一种行为，因此根据第三部分论点三，一个源于理性的欲望，一个我们处于主导地位的欲望，就是人的本质。假如这种源于理性的欲望过度了，那么人就超越了自身的本质，超出了人自身的能力范畴，这是矛盾的。因此，源于理性的欲望是不会过度的。

论点六十二：只要思维遵循理性的指导去理解事物，那么思维对某个现在的、过去的或是将来的事物的观念的影响程度是相同的。

论据：根据第二部分论点四十四的推论二，当思维遵循理性指导去理解事物时，那么它将永远依照同样的方式去理解这个事物，根据第二部分论点四十三及其注释，对此事物思维感受到的确定度是一样的，因为思维对某个现在的、过去的或是将来的事物的观念的理解方式是一样的。根据第二部分论点四十一，对事物现在、过去或将来的观念，都必然是正确的。也就是说，根据第二部分概念界定四，永远具备正确观念的属性。因此，只要思维遵循理性的指导去理解事物，那么思维对某个现在的、过去的或是将来的事物的观念的影响程度是相同的。

注释：如果我们对事物的延续期有充分的认识，从而理性地判断事物存在的时间，那么我们将用与现在相同的情感考察事物的将来。对于将来好的事物，思维会把它当作是现存的，因而忽视了目前较小的利益，而关注更长远的好处；思维也不会去关注那些目前看来是好的，但将来却称为恶的根源的事物，这点我们将在后面加以论证。根据第二部分论点三十一，我们对事物的延续期的认识是很不充分的，根据第二部分论点四十四的注释，我们只是通过想象在判断事物的存续时间长短。但是，对目前事物和将来事物的想象，是大不相同的。因此，我们对于善恶的认识，只是抽象的认识，只是凭借我们对事物的次序和因果关系加以判断的，因此这种认识，更多的是想象，而不是事实。因此，根据第四部分论点十六，源于与将来相关的善恶认识的欲望，很容易被当前较的强欲望所克制。

论点六十三：受到恐惧的支配，因而多行善、避免作恶的人，他们是不理性的。

论据：凡是与思维相关的主动或是理性的情感，根据第三部分论点五十九，只有快乐和欲望。因此，根据情感的定义十三，受到恐惧的支配，因而多行善、避免作恶的人，他们是不理性的。

注释：凡是迷信的、只知道诅咒别人而不顾道德的人，他们的行为必然不是理性的，他们往往会恐吓别人，为的是避免灾难，而不是教人有道德。他们的最终目的就是使别人同他们一样苦恼，所以这样的人往往受人痛恨。

推论：对于源于理性的欲望，我们直接追求的是利益，而间接避开弊端。

论据：源于理性的欲望，必然不是源于痛苦的情感，而只能是源于快乐的情感，而根据第三部分论点五十九，快乐的情感是一种主动的情感，根据第四部分论点六十一，这种情感绝对不会过度。因此，根据第四部分论点八，这种欲望是源于对利益的认知，而不是源于对弊端的认知。因此，对于源于理性的欲望，我们直接追求的是利益，而间接避开弊端。

注释：我们可以用病人和健康人的例子来说明这个推论。为了恢复健康，生病的人愿意吃自己不喜欢的东西，而健康的人对同种东西的乐趣要比病人大得多。同理，当法官判决某人死刑时，它并不是出于个人的愤怒，而只是为了维护社会的公平和幸福，因此他的行为完全是理性的。

论点六十四：对于恶的知识是一种不充分的知识。

论据：根据第四部分论点八，恶的知识是我们意识到的自身的痛苦。根据情感的定义三，痛苦是过渡到较小的完美，根据第三部分论点六和七，不能通过人的本性加以理解。因此，根据第三部分论点三，痛苦是一种被动的情感状态，它源于对事物缺乏充分的认识。因此，根据第二部分论点二十九，对于恶的知识是一种不充分的知识。

推论：由此可知，如果思维中具备的都是充分的观念，那么思维绝对不会形成恶的观念。

论点六十五：在理性的指导下，我们将选择两个善中的大善，而选择两个恶的小恶。

论据：妨碍我们享受更大利益的小利益，实际上是恶的。根据第四部分的序言，我们判断事物的善恶，是把两个事物相比较而言的。同理，两个恶中，较小的恶，事实上就是善。因此，根据第四部分论点六十三的注释，在理性的指导下，我们将选择两个善中的大善，而选择两个恶的小恶。

推论：在理性的指导下，我们宁愿选择较小的恶，因为相对较大的恶而言，它是善的；而如果某个较小的善可能称为更大的恶的起源，那么我们会宁愿放弃这个较小的善。

论点六十六：在理性的指导下，我们宁愿选择将来更大的利益，而放弃现在较小的利益；宁愿选择接受当前较小的弊端，而避免将来更大的灾难。

论据：根据第四部分论点六十二，如果思维对某个将来的事物有充分的认识，那么他对此事物的现在和将来的感受是一样的，因为，从理性自身来看，无论是现在或将来、无论是善或恶，都是一样的。因此，根据第四部分论点六十五，在理性的指导下，我们宁愿选择将来更大的利益，而放弃现在较小的利益；宁愿选择接受当前较小的弊端，而避免将来更大的灾难。

推论：在理性的指导下，我们宁愿选择可能发展成为将来较大利益的当前弊端，而放弃可能酿就将来大祸的当前蝇头小利。此推论与论点的关系，与上一个推论和论点的关系相同。

注释：根据上述观点和第四部分论点十八可知，受情感或别人的意见束缚的人、与受理性指导的人的差别所在。受情感或别人意见束缚的人，无论自身是否愿意，不理解自己的行为；而理性的人，不会受到他人的支配，他的行为只受到自身意志的影响，他清晰地认识到生活中什么事情是最重要的，从而加以努力追求。因此我们称前者为奴隶，称后者为自由的人。关于自由人的性格和生活方式，下面我还需做些补充。

论点六十七：自由的人很少会想到死，他的智慧在于思考人生、而不是思考死亡。

论据：自由的人遵循理性的指导而生活，根据第四部分论点六十三，他不会被死的恐惧情感所束缚，根据第四部分论点六十三的推论，他会直接追求利益，换言之，根据第四部分论点二十四，他以寻求自身利益为生活原则，根据这个原则去行动、生活、维护自身的存在。因此，他很少会想到死，他的智慧在于思考人生、而不是思考死亡。

论点六十八：如果人们生来就是自由的，那么只要他们一直拥有这种自由，他们就不会形成善恶的概念。

论据：我曾说过，理性的人是自由的，因此一个生来就自由、并一直维持自由的人，只拥有充分的观念，根据第四部分论点六十四的推论，他的思维中就不会形成恶的观念。而善恶的观念是相互联系的，没有恶的观念，善的观念自然也不存在。

注释：这个论点的假设，即人生来就是自由的，根据第四部分论点四，显然是不成立的。这个假设只有在就神是人存在的原因角度而言是成立的，如果从神是无限的角度来看，这个假设实在无法理解。

我们之前所论述的几个论点，似乎被摩西时代的第一个人加以体现了。在那个时代，上帝除了造人之外，似乎没有别的力量，那是它能做的有益于人类的唯一力量。上帝警告那些自由人不要吃善恶知识树的果实，偷吃了树上果实的人，他们更多的是对死亡的恐惧，而不是对生活的渴望。他说如果他找到了一个与他的本性和谐一致的妻子，那么人世间对它来说，只有妻子对他是最有益的。但是后来它发现禽兽与他的性质有相似之处，根据第三部分论点二十七，他就开始模仿它们的情感，最终失去了自由。后来教会中的长老才恢复它的自由，在这个过程中，耶稣基督的精神指导起到了关键作用，即受到了上帝的观念的指导。根据第四部分论点三十七，只有上帝的观念可以使人获得自由，促使人追求自身想要的利益，并与别人分享收益。

论点六十九：自由的人德行表现在他化险为夷和征服困难的

能力。

论据：根据第四部分论点七，某种情感只能被另一个更强的情感所克制，根据第四部分论点三，盲目的勇敢与恐惧具有同样的力量，因此，根据第三部分论点五十九的注释，要想克服勇敢和恐惧需要同样大的力量和意志。换言之，化险为夷和征服困难需要同样强的德行和力量。

推论：由此可知，一个自由的人化险为夷和勇敢战斗时需要同样大的力量，换言之，他选择逃避或战斗需要同样的意志力和机智。

注释：我已经在第三部分论点五十九的注释中解释了什么是意志力。这里所指的危险，是指任何能引起痛苦、愤恨、争吵等的事物。

论点七十：一个生活在无知人群中的自由人，将努力避免得到他们的恩惠。

论据：根据第三部分论点三十九的注释，人都是依照自身的情感来判断善恶。因此，如果某个无知的人给他恩惠时，他自己会做出判断，如果受到恩惠的人的评价偏低，那么根据第三部分论点四十一，他会感到痛苦。但是，根据第四部分论点三十七，这个自由人会努力想与其他人交朋友，而不愿意去回报那个给自己恩惠的无知的人。他选择遵循自己的自由的理性判断行事，而且他只做那些他认为是最重要的事情。因此，一个自由的人为了不引起无知者对他们的怨恨，他将努力回避那些无知的人的恩惠，而遵循理性的指导行事。

注释：在此，我说的是努力避免无知的人的恩惠，因此，不能说是完全否决。因为他们虽然无知，但毕竟是人。他们能给处于困难中的人帮助，而这是有价值的。因此，有时接受他们的恩惠，并予以报答谢恩，也是必要的。但是，当我们婉言谢绝别人的恩惠时，必须谨慎，不能给人留下轻蔑别人的印象，也不能表现出怕报答别人而谢绝恩惠的态度，这样才能避免他们对我们产生怨恨。因此，谢绝别人的恩惠时，要顾全利益和礼貌。

论点七十一：只有自由的人之间才拥有最感恩的心。

论据：根据第四部分论点三十五及其注释，只有自由的人彼此之间最互利，拥有最感恩的心、最真挚的友谊。根据第四部分论点三十七，只有自由的人之间的爱情是互利互惠的。因此，根据情感的定义三十四，只有自由的人之间才拥有最感恩的心。

注释：那些受盲目的欲望支配的人之间的所谓感恩，大多含有交易的性质、或是一种手段，并不是真正意义上的感恩。其次，忘恩并不是一种情感，而是受到了过度的恨、愤怒、骄傲、贪婪的影响。一个愚昧无知的人，不知道如何报答别人的恩惠时，不能说是忘恩负义。

论点七十二：自由的人从来不会欺骗别人，他们总是怀着一颗衷诚的心。

论据：如果有人问，当一个人处于危及生命的境地时，他只要背叛衷诚，他就能脱离危险，那么他会怎么做呢？自我保护的意识会不会逼迫他欺骗？如果理性说服他要这么做，那么所有的人都会采取类似的方式，在这种情况下，理性告诉人们不能再遵从衷诚，也没有任何普遍规律可言，而这是荒唐的。因此，自由的人从来不会欺骗别人，他们总是怀着一颗衷诚的心。

论点七十三：一个理性的人，当他生活在一个有规律的系统下时，相比孤独自立的时候，他会感到更自由。

论据：根据第四部分论点六十三，一个理性的人不会受到恐惧的支配；根据第四部分论点六十六的注释，他会在理性的指导下努力维持自身的存在、努力追求大众所谓的美好的自由的生活；最后根据第四部分论点三十七的注释二，他将在国家的法律支配下生活。因此，一个自由的人，为了享受更大的自由，会欲求拥有公民的普遍权利。

注释：我们对人类的真正自由的类似考察，涉及的或许是人的勇气和高尚的力量。我觉得不值得分别论证力量的各个属性，我更没有必要去阐述，一个较强的人不会恨任何人、不会对任何人生气、不会嫉妒任何人、不会轻视任何人，对任何事情都感到很自豪。那些与真正的生活方式和信仰相关的论点，根据第四部分论点三十七，可以很容易加以证明。也就是说，恨能被爱融化，每个人应该渴望别人也得到自己追求的好的事物。在此我想再次重点强调第四部分论点一的注释，较强的人思维中所想的第一点是，万物都遵循神的必然性，因此所有他认为是恶的事物，在他看来，都是不虔诚的、可怕的、不公平的、低级的，他把这种表象归因于混乱的、零碎的世界观。因此，他努力得想先于所有事物认识真知，消除认识真理的阻碍，如恨、愤怒、嫉妒、嘲笑、骄傲、以及我在上面提到过的类似情感。因此，他会努力行善，享受着这种生活方式的快乐之处。人类在这方面做到了什么程度？人类的力量是什么？我将在后面的部分中加以论证。

附录

我在这部分中所关注的是正确的生活方式，之前的论述看起来比较零碎，但是我想每个论点都可以从之前的论点推理出来。因此，我打算对上述论点的整体思路顺序加以整理。

我们所有的努力或欲望都必然遵循我们的本性，它们要么是自身的直接原因，从而能够单独得被认识；或者通过我们本性的一部分被认识，如果只是通过自身，而没有其他个体，它们就不能够被充分认识。

那些遵循我们本性、并且能够通过自身被认识的欲望，往往都是与有充分观念的思维相关的；而其他的欲望是与思维中不充分的观念相关，它们的力量和增长通常不是由人的力量即行为决定的，而是由我们的情感决定的。因为行为通常体现了我们的力量，而情感体现了我们的弱点和零碎的知识。

如果我们产生某种行为的欲望遵循了人的理性，那么这种行为总是有益的。而其他的行为要么是善的，要么是恶的。

在生活中，要首先努力完善自身的理解能力和理性思维能力，因为这样才能得到人生中最大的快乐或幸福。诚然，幸福不是别人的，只是精神的一种满足状态，这种满足源于对神的直觉认识。而要完善理解能力就是要理解神、神的属性、遵循神的属性的行为。因此，一个理性的人，他的最终目标或最高欲望，就是控制他身边的人，这样他才会对自己、对他智力范围内的万物，有一种充分满足的概念。

因此，如果没有智力，就没有理性的生活；之所以称一个事物是有益的，是因为它帮助人享受到了智慧的生活。相反，那些阻碍人们完善理性、阻碍人们享受理性生活的事物，被称为是恶的。

万物中，凡是人成为了其有效因素的事物，都是有益的，不会给人类带来害处，除非有外在因素加以影响。这就是说，人作为大自然的一部分，必须遵循自然界的规律、通过无限多的方式达到与自然的统一。

人不可能不是自然的一部分、也不可能不遵循自然的总体秩序；但是如果人处于一个与自身和谐一致的人群中，那么他的行为能力也会因此得到加强；相反，如果他被放到一个与他的本性不合的人群中，那么他如果不做重大转变，就很难使自己适应这个群体。

对于那些我们认为是恶的、会损害我们的生存能力、阻碍我们享受理性生活的事物，我们将努力用最安全的方式将它们消除。相反，那么有益于我们的存在、有助于我们享受理性生活的事物，我们会用较适当的方式加以应用。所有人都毫无例外地在自然的统治下，做有利于自身利益的事情。

任何事物都是与同类事物的本性最相符，因此，人在维护自身的存在、享受理性生活的过程中，没有任何人比他的理性的同伴对他更有益。其次，我们知道在一个人群中，只有理性的人是最优秀的，他比那些所谓受过培训的人更能展示较高的技术能力和部署能力，因为他们生活在自己的理性掌控中。

人会受到嫉妒或与恨相关的情感的影响，因此每个人对另外一个人的态度是有分歧的，如果他们比同类更强大，那么他们的恐惧心理就会越弱。

思维无法被武力所征服，但是能被爱和高尚的品德所征服。

人们倾向于把他们的生活方式，与那些他们认为与自己最紧密的群体联系在一起，而且他们为了加强与这些群体的友谊，他们通常愿意做任何事情。

人们在社交过程中需要技巧和警惕性。因为人是与众不同的，但是通常他们容易产生嫉妒，而不是怜悯，从而更倾向于复仇。一个人要体现自己的特征不需要任何一点外力，也不需要任何外力去阻止他们模仿别人的情感。但是那些吹毛求疵的人更善于抓住别人的弱点，而不是关注别人的优点；他们善于破坏，而不是巩固别人的部署安排。因此，他们与己与人都是有百害而无一利。因此很多缺乏耐心、情绪高涨但是信仰被误导的人，情愿与畜生般的人同流合污，而不愿意与正人君子相处。一些无法冷静忍受父母斥责的男孩或年轻人，只要能逃离父母的困扰，宁愿选择参军，去经历战争的痛苦和专制的统治，也不愿意在家里享受温馨、聆听父母的告诫。

因此，虽然人们通常事事都受到自身欲望的束缚，但是人们之间的共同之处带来的好处远多于害处。因此，我们应该更耐心得去忍受别人的错误，同时努力去做任何能促进友谊的事情。

那些能产生和谐效果的事物，是与例如正义、公平和荣誉相关的。因为人们所不能容忍的事情一般不仅是不公平、不公正的，而且是被人认为可耻的。

和谐一般都是恐惧的产物，但是这种和谐是不可靠的。其次，源于精神的懦弱的恐惧，不属于理性的范畴。虽然怜悯看起来似乎与虔诚有共同之处，实际上与恐惧的道理是一样的，都不属于理性的范畴。

人们能被光明磊落的事情所说服，特别是那些不需要耍手段即能买到的赖以生存之物。然而，没有哪个人有能力去帮助每一个贫困的人，因为任何一个富裕的人都不足以满足所有贫困人的需求。其次，个人的能力实在不足以使所有的人都成为自己的朋友。因此，支助所有贫困的人的责任就落到了国家这个主体上，而且这种支助仅限于一般的福利。

在接受别人的帮助时，与回报别人的恩惠时，我们的责任是完全不同的。

源于外在的美貌的欲望和庸俗的爱，以及所有的除了源自自由的灵魂之外的爱，都将归于恨的范畴。当这种爱是疯狂的一种时，它将导致分歧，而不是和谐。

至于婚姻，如果人体的欲望，不仅仅是源于外在的美貌，而且源于自由的灵魂、源于生产培养智慧的后代，那么婚姻显然是与理性一致的。

此外，盲从的奉承能引发和谐。没有谁比那些希望成为第一，而又不能成为第一的骄傲的人，更欣然接受别人的奉承。

伪装的虔诚和信仰是谦卑的。虽然谦卑是骄傲的反面，但是根据第四部分论点五十七的注释，自我贬低的人与骄傲的人实际上是一类人。

羞耻同样能带来和谐，但是这只限于那些无法隐藏的事情。其次，因为羞耻是痛苦的一种，因此它不属于理性的范畴。

人们记忆中残留的痛苦，是与公正、公平、荣誉、怜悯和信仰直接对立的。虽然义愤与公正看似存在一些相似点，但是在生活中义愤是违法的，它只是人们对别人的行为的判断，或是为维护自己或为别人的权利的辩白。

行为的正确性，也就是为了取悦别人而产生的理性欲望，是属于虔诚的一类。但是，如果这种欲望是源于情感，只是一种野心，或是在隐藏在伪虔诚的外衣下的欲望，那么它会激起不和谐和骚乱。因为如果一个人希望用言语或行为帮助同伴，从而使大家都能享受到至高的益处，那么，我认为这个人会努力用爱去赢得他的同伴。不是为了赢得同伴的钦慕，而是建立起以自己名字命名的体制。其次，他在谈话中会避免谈人们的缺点，或是谨慎点评人的弱点。相反，他会大谈特谈人的优点或能力，或是采用其它的美化这种效果的方式。因此，人们不会受到恐惧和厌恶的困扰，相反，只会受到快乐情感的影响，并且努力遵循理性的指导。

在自然界中，除了人类，没有其他的事物能像我们一样，享受到思维的喜悦；没有哪个事物能像我们一样，与别人建立友谊或任何类型的伙伴关系。因此，在自然界中，除了人类外，没有哪个事物能够利用自身的优势和不同的能力，不仅仅维持自身的存在，而且破坏其他事物的存在，从而使自身能更好地适应自然界。

源于外界的事物的优点，除了我们通过观察他们获得的经验和知识之外，除了通过不同方式重新组合他们之外，主要是维护人体的存在。由此可知，那些能恰当地滋补人体各个功能器官的东西是最有益的。根据第四部分论点三十八和三十九，人体受到许多不同方式的影响，同时也通过不同的方式对外界的物体施加影响，这种影响的能力越强，思维的思考能力就越强。但是，自然界中似乎很少存在这样的事物。因此，人体需要摄入许多不同性质的食物来补充营养。因为人体是由许多性质不同的部分组成的，每个部分都需要持续摄入不同种类的营养，人体的各部分才能遵循自身的本性发挥同样力量的作用，思维或许才能形成许多感知。

即使摄入了这些营养，如果人之间不互相帮助，那么每个个体的力量或许还是不够充足。但是，金钱让我们拥有万物象征。因此，大多数人的思维都被金钱的概念占据了，因而，一旦离开了金钱的概念，人们很难想象到快乐。

这个后果是由那些只懂得获得的艺术的人导致的，他们积累财富不是为了满足贫穷的人的基本需求，而是为了使自己拥有更多的财富，从而出人头地。诚然，根据传统的习惯，他们的人体得到了充足的营养。但是，那些知道如何正确花钱、只根据自己的真实需要来衡量财富的人，却很难在生活中获得满足。

因此，那些对人体的许多部分都有帮助、并且使它们发挥功能的事物是有益的。快乐能够有助于增加人的能力，因为人是由思维和人体组成的。因此，凡是能带来快乐的事物都是善的。但是那些不能与给我们带来快乐的事物一起工作的事物，如果它们的力量不能有助于提高我们的优势，而且只给人体的一部分而不是许多部分带来快乐，那么大部分的快乐以及由此产生的欲望都会过度。其次，引导我们把大部分的注意力放在当前确定的事物的情感，不能使我们明确认识事物的将来。

对于带来痛苦的事情，迷信被认为是好事，对于能带来快乐的事情来说，迷信被认为是坏事。然而，就像我们上面所说的，只有嫉妒的人才会以别人的弱点和困难为乐。因为如果我们感受到的快乐越大，我们才能够做得越完美，最后才能更多地参与到神的本性中去。没有任何快乐是恶的，因为快乐是着眼于我们的优势而产生的。相反，一个被恐惧控制的人，只会做一些避免邪恶的事，因此，他没有遵循理性的指导。

但是，人类的力量是有限的，受到无限多外界因素的影响。因此，对于不属于我们自身的事物，我们无法对它们加以绝对的控制，使其为己所用。然而，我们脑海里必须清楚，万事的发生都会背离我们的优势，我们必须意识到：做任何事情我们必须尽我们的责任，但是我们的力量并不足以完全保护自己；我们只是宇宙的一部分，我们必须遵循自然的规律。如果我们对此有了深刻的理解，这是由我们的智力决定的，换言之，我们才能坦然地面对我们所遭遇的一切事情，只有我们默许了，我们才会努力维持维持下去。因为，我们都是有智慧的人，除了确实需要的事物外，我们不能欲求一切事物；除了正确的事情外，我们也不能绝对地默许任何事情。因此，只有我们对这些事物有正确的理解后，我们的优势才能努力实现与自然性质的和谐统一。

第五部分　论理智或人类自由的力量

序言

最后我要开始讨论伦理学的另一部分，这部分与达到自由的方式有关。因此，我将要讨论理性的力量，理性是如何控制情感的，什么是精神的自由或幸福。由此我们可以推知，智慧的人比愚昧无知的人要强大得多。至于如何完善理性、如何保养身体并使其发挥功能，我并不想在这部分里阐述，因为后半部分是与医学相关的，而前者属于逻辑的范畴。因此，我要强调在这部分里，我只讨论思维或理性的力量，重点是讨论理性控制情感的程度和性质。因为此前我们已经讨论过，我们并不能绝对控制情感。

一些认为人能控制情感的哲学家只根据他们的经验，而不是根据他们的原则，也不得不承认，要想控制和调整情感，确实需要不小的毅力。如果我没有记错的话，曾经有人用两条狗的例子对此加以说明，一条家犬，一条是猎犬。经过长时间的训练，家犬变成了可以打猎的猎犬，而原先的猎犬却不能再追逐兔子。对于这个观点，笛卡尔也表示认同。因为他认为思维是大脑的一个很特殊的部分，就是所谓的松果腺部分，通过它思维能够感知到人体和外界物体的所有运动，而思维只需要根据简单的意志行为就能使松果腺产生许多不同的运动。他认为松果腺处于大脑的中心位置，因此不论精神起了多么微小的变化，它就会产生运动。其次，当精神产生变化时，这个腺体能够以许多不同的状态存在于大脑中；当外界物体刺激精神时，会在腺体上留下不同的烙印。因此，心灵的意志能延缓腺体的位置移动和运动。同时，他认为人的每个意愿都是与腺体的某种运动相关的。例如，当某人像看远处的一个事物时，这个欲望会使他的瞳孔放大，但是如果反过来，此人只是想放大瞳孔，那么就不会产生预期的效果，因为是大脑的腺体驱使视神经的运动，从而使得瞳孔放大或缩小。最后他认为，虽然大脑中松果腺的每个运动都与我们的思维联系着，但是出于习惯，也可能与其他的思想相关。关于这点，他曾在他写的《心灵的情感》一书中第一部分第五十节中加以阐述。他得出结论说，思维在适当的指导下，都拥有控制情感的绝对力量。因为他对情感是这样定义的：情感是思维感知到的感觉，与思维有着特别的联系，是由精神的运动产生和保持着的。既然大脑腺体的运动和精神是相联系的，意志是由我们自身的力量决定的，那么只要我们根据生活中确定的决定来控制我们的意志，把我们的情感与这些决定结合起来，我们就可以绝对控制我们的情感了。

上述是这位有名的人物的观点，我简直无法相信这竟然出于这样一位大人物的手笔。我不知道他所谓的思维与人体的结合是什么意思？我很希望得到一个明确的答案。但是，他觉得思维和人体是迥然不同的两个事物，以至于无论是两者的结合，或是思维自身，都无从考证，最后不得不追溯到上帝。此物，我还想知道，思维究竟需要多大的力量才能决定大脑腺体的运动？我不知道，我们的那些决定与情感的结合，是否会被人体的因素分离开来，如果不会，我们可推知，即使思维想要抵御危险，把勇敢的行为和这种决心结合起来，危险来临时，大脑腺体的状态还是会使思维只想逃避。事实上，意志和行为之间并没有什么联系，因此，思维和人体的力量也自然没有可比之处，人体的力量也不会被思维所决定。

最后，关于笛卡尔对意志和意志的自由的观点，在此就不提了，因为我已经充分论证了他的观点的错误性。

既然思维的力量是被理性所决定的，因此我们只能从思维的知识去探究医治情感的药方。我相信每个人对此都是有经验的，只是没有正确清晰地认识到而已。我也将从思维的知识推出一切与思维的幸福相关的结论。

公理

如果同一个对象产生了两个完全相反的动作，就必然会发生变化，要么两个动作都产生变化，要么其中一个动作发生变化，直到它们不再相反为止。

结果的力量是由原因的力量决定的，因为结果的本质是由原因的本质所决定的。（根据第三部分论点七可知）

论点

论点一：无论事物的思想和观念在思维中是如何排列的，人体的感触或事物的形象在人体内也是按照同样的次序排列和联系着。

论据：根据第二部分论点七，观念与事物的次序和联系是一样的。因此，根据第二部分论点十八，观念的次序和联系是人体感触的次序和联系在思维中的体现。反之，根据第三部分论点二，人体感触的次序和联系是基于思维中事物的观念的次序和联系而定的。

论点二：如果我们能把心中情感的干扰与外在因素的观念分开，

而把它与其他的观念联系起来，那么由这种情感产生的对先前那个外在因素的爱或恨也就消失了。

论据：根据情感的定义六和七，构成真正的爱或恨的是伴随着外界因素观念的快乐或痛苦。因此，当这个外在因素消失了之后，那么爱或恨也将随之消失了，由此产生的情感也就消失了。

论点三：当我们对一种被动的情感形成清晰的观念时，这种情感就不再是被动的了。

论据：根据情感的总定义，被动的情感是一种混淆的观念。因此，当我们对情感形成清晰的观念时，这个观念就会有别于情感，因为根据第二部分论点二十一及其注释，这个观念只与思维相关。因此，根据第三部分论点二，这种情感就不再是被动的了。

推论：由此可知，如果我们对情感的认识越深，我们就越能控制情感，思维的被动性就更小。

论点四：对于人体的任何感触，我们都能形成清晰的观念认识。

论据：根据第二部分论点三十八，事物所拥有的共同点都能被充分认识。因此根据第二部分论点十二和十三的注释后的辅助定理二，对于人体的任何感触，我们都能形成清晰的观念认识。

推论：由此可知，对于任何情感，我们都能形成清晰的观念。因为根据情感的总定义，情感是人体对受到的感触形成的观念，因此，根据第五部分论点四，情感内必定包含清晰的观念。

注释：根据第一部分论点三十六，万事都会有结果。根据第二部分论点四十，由我们充分认识的观念中推出的事物，我们必定对它有清晰的认识，因此，每个人都拥有清晰认识自身和自己情感的力量，即使这种认识不是绝对的理解，至少是部分的理解，由此，人受到情感的束缚将会减弱。因此，我们要努力去清晰认识情感。只有这样，第五部分论点二中提到的爱、恨才能消灭，根据第四部分论点六十一，由此产生的欲望也才不会过度。在此需要着重强调的是，人在主动状态和被动状态下的欲望是一样的。例如，我们之前曾说过，根据第三部分论点三十一的注释，人的本性都希望他人能生活在自己的生活模式下，这种欲望对于一个不理性的人来说，是一种被动的情感，称之为野心，与骄傲没有多大差别。反之，对于一个理性的人来说，是一种主动的德行，根据第四部分论点三十七的注释，称之为虔诚。同理，一切源于认识不充分的观念的欲望，都是被动的情感。而由充分的认识产生的欲望，称为德行。根据第四部分论点五十九，任何决定我们行为的欲望，有可能是源于充分认识的观念，有可能是源于认识不充分的观念。因此，可以这么说：在我们能力范围内，能控制情感的良药，只能是真正理解情感，没有其他良药了。因为根据第三部分论点三，人的思维只具备思考和充分认识事物的能力。

论点五：在同等条件下，我们只是孤立地考察某个事物，我们不觉得它是简单的、不必要的、偶然的、或可能的，那么我们对它的情感，相比其他的情感都要强烈一些。

论据：根据第三部分论点四十九，我们对于一个自由的事物的情感，相比我们对一个必然的事物的情感，要强烈一些。因此，根据第四部分论点十一，对自由事物的情感必然强于我们对偶然的事物的情感。所谓一个事物是自由的，只是因为我们单独考察这个事物，根据第二部分论点三十五的注释，我们不知道影响这个事物的原因。因此，在同等条件下，我们对于一个孤立的事物的情感，要强于一个我们认为是必然的事物的情感。因此，这种情感必然大于一切情感。

论点六：当思维认为一切事物是必然的时候，它控制情感的力量便越大，受控于情感的痛苦就越小。

论据：根据第一部分论点二十九，思维认为万物的产生都是必然的；根据第一部分论点二十八，万物的存在和运动都受到无限多的因素的影响。根据第五部分论点五，思维受这些事物产生的情感的影响就越小。

注释：对于事物必然性的认识，如果越能清晰地应用到我们想象着的某个个体事物上，那么思维控制情感的力量就越强大。我们的经验也能证实这一点。例如，如果我们认识到某个有价值的事物在任何情况下都是无法保存的，那么当这个事物消失的时候，我们的痛苦就会减轻一些。同样，没有人会怜悯婴儿不会说话、不能走路、不会思考、没有自我意识等。但是，如果大部分的人生来都是成年人，而只有一部分人生来是婴儿，那么人才会怜悯这些婴儿，因为人们不认为幼儿期是必然的，而是把它当作一种缺陷了。类似这样的例子，不胜枚举。

论点七：如果考虑时间的因素，那些源于理性的情感，相比于我们认为已经不存在的事物的情感，要强烈一些。

论据：根据第二部分论点十七，我们认为某个事物不在眼前，并不是受我们对此事物的理性认识，而是因为人体受到了其他排除此事物存在的情感的影响。因此，我们认为某个事物不在眼前的情感，从性质上来说，根据第四部分论点六，并不能克制人的行为和能力。反之，根据第四部分论点九，这种情感能被排斥此事物存在的事物所克制。根据第二部分论点四十的注释关于理性的定义，源于理性的情感必然与事物的共同点相关，而事物的共同点，我们认为它永远就在眼前，因为没有事物可以排除它的存在，根据第二部分论点三十八，我们永远以同样的方式去想象它们。因此，这种情感永远都是相同的。根据第五部分公理一，凡是与此相反的、并且未受到外在因素影响而存在的情感，会力求去适应这种情感，直到不与它相反为止。从这个意义上来说，源于理性的情感的力量更强大。

论点八：引发某个情感的因素越多，这个情感就越强烈。

论据：根据第三部分论点七，同时存在的多种因素，要比较少数的因素更有力。因此，根据第四部分论点五，引发某个情感的因素越多，这个情感就越强烈。

注释：根据第五部分公理二也可推知。

论点九：思维感受到的某种情感，如果同时与许多不同的因素相关，相比某种与较少或单一因素相关的情感，其危害要较小一些，我们感受到的痛苦也小一些，我们受每个因素的影响也较小一些。

论据：根据第四部分论点二十六和二十七，情感只有在足以阻碍思维的思考时，才是有害的。因此，如果某种情感能引发思维同时去思考许多事物，相比其它只能引起对较少数、或单一事物的思考的情感而言，它的危害要更小一些。这是要论述的第一点。其次，思维的本质或力量，根据第二部分论点十一，是由思想构成的，因此，思维对于能引发对许多事物的思考的情感，感受到的痛苦要少一些。这是要论述的第二点。最后，根据第三部分论点四十八，这种与许多外在因素同时相关的情感，相比只与单个因素相关的情感而言，其力量要更小一些。

论点十：只要我们没有受到违反我们本性的情感所驾驭，我们就有能力遵循理智的秩序去排列人体的变化和感触。

论据：根据第四部分论点三十，凡是违法我们本性的情感都是恶的。根据第四部分论点二十七，之所以称其为恶的，是因为它阻碍了思维的理解能力。因此，只要我们不被违法我们本性的情感所驾驭，那么根据第四部分论点二十六，思维理解事物的能力就不会受到影响，还是能形成清晰的观念，根据第二部分论点四十的注释二和第二部分论点四十七的注释，思维还有能力从这个观念推出其它观念。根据第五部分论点一，我们就有能力遵循理智的秩序去排列人体的变化和感触。

注释：只要我们具备对人体的感触加以适当排列的力量，我们就不会被恶的情感所束缚。因为根据第五部分论点七，克制源于理性的情感，要比克制源于不确定的情感需要更大的力量。因此，如果我们对自己的情感没有充分的认识时，我们最好设定一个正确的生活方式的信条，供我们在处理日常生活中的变数时作参考。例如，我们在第四部分论点四十六及其注释中曾提到：恨可以被爱或宽容所融化，而不能被恨所征服。这就可以作为生活的信条。为了能在日常生活中不断地运用这个箴言，我们必须要先了解侮辱的涵义，再思考如何用爱或宽容去消除侮辱。这样才能把侮辱和这个信条联系在一起，每当遇到侮辱时，根据第二部分论点十八，心里就自然想起这个信条。此外，如果我们能正确认识自身的幸福和与别人的友谊所产生的幸福，根据第四部分论点五十二，那么正确的生活信条能使我们的心里充满祥和；同时知道万物包括人在内，都遵循自然的必然性，那么源于这种必然性的侮辱或恨，就更容易加以克服。即使我们受到了莫大的侮辱，不容易克服，心情受到波动，终究还是能加以克服的。但是，如果我们对那些信条没有深刻的理解，恐怕克服的时间需要更长。同理，为了消除恐惧，我们必须理解意志的力量，这需要把生活中常见的恐惧加以列举，并加以想象，同时需要想办法机警地征服恐惧和危险。

在此，需要注意的是，当我们整理我们的思绪时，根据第四部分论点六十三的推论、第三部分论点五十九，我们必须用心观察事物好的一面，只有这样，我们才能获得快乐。例如，当我们看见某人急于追求功名时，可以劝他多思考功名的正当之处、追求名利的目的和方法，而不是关注名利的滥用、人心叵测等阴暗面，只有心灵病态的人才会往这方面想。那些追逐名利的人，一旦有了这种病态的思想，对所追求的名利感到失望时，往往会用这种病态的思维来发泄个人的愤怒，并对自己的小伎俩沾沾自喜，而事实上，他们是在自寻烦恼。因此，那些唾弃滥用名利的人，往往就是最急于追求名利的人。这是不可否认的事实。不仅仅是好名利的人有这种思想，那些怀才不遇、懦弱的人也都怀有这种心态。我们经常看到那些贫穷而贪财的人在唾弃滥用金钱的富人，除了自寻烦恼外，还向众人显示了自己狭窄的心胸。他们不能忍受自己的贫穷，而不能容忍别人的富有。同理，有些人遭到爱人的拒绝后，就觉得所有的女人都对爱情不专一，但是只要他爱的人对他表示好感后，所有这些愤世嫉俗的观念就被抛在九霄云外了。

因此，凡是为了追求自由并努力控制自身情感和欲望的人，会尽力去理解德行形成的原因，自己也会因为对德行有了正确认识而感到快乐。他也不会去唾弃世人的缺点。凡是能深刻理解这个道理，并能在实践中加以运用的人，他在短期内，大部分行为必然都会遵循理性的指导。

论点十一：与脑海中的某个形象相关的事物越多，发生的频率就越大，就越活跃，并更能占据人的思维。

论据：与脑海中的某个形象相关的事物越多，也就是说，引发这个形象的原因也就越多，思维根据情感所关注的东西也就越多。因此，这种情感出现的频率就越高，根据第五部分论点八，它就越能占据人的思维。

论点十二：对于我们清晰认识的事物，相比其他事物，更容易使我们与脑海中事物的形象联系起来。

论据：根据第二部分论点四十的注释二中关于理性的定义，我们清晰认识的事物，要么是事物的共同点，要么是从事物的共同点衍生出来的。因此，根据前一个论点，它们会经常出现在我们脑海里。我们考察某些事物时，更容易联想到这些事物，而不是其他的。根据第二部分论点十八，对于我们清晰认识的事物，相比其它事物，更容易使我们与脑海中事物的形象联系起来。

论点十三：与脑海中某个形象相关联的形象越多，脑海中的这个形象就越生动。

论据：根据第二部分论点十八，与脑海中某个形象相关联的形象越多，说明触发脑海中的这个形象的因素就越多，也就更生动。

论点十四：思维能使人体的一切感触或事物的形象都与神的观念相关。

论据：根据第五部分论点四，思维对人体的感触都能形成清晰的概念，因此，根据第一部分论点十五，思维能使人体的一切感触或事物的形象都与神的观念相关。

论点十五：如果某个人能清晰地认识自身和他人的情感，那么他

必定爱神，如果这种认识越深，那么说明他越爱神。

论据：根据第三部分论点五十三，凡是能清晰认识自身和他人情感的人，必定会快乐，而根据第五部分论点十四，这种快乐是与神的观念相关的。因此，根据情感的定义六，他必定爱神，认识越深，他就越爱神。

论点十六：这种对神的爱必然在他的思维中占据首要的地位。

论据：根据第五部分论点十四，这种爱是与人体的一切感触相关的，根据第五部分论点十五，所有这些感触都能助长这种爱，根据第五部分论点十一，这种对神的爱必然在他的思维中占据首要的地位。

论点十七：神不会有被动的情感，因此它也不会有快乐或痛苦。

论据：根据第二部分论点三十二，一切与神相关的观念都是正确的。因此，根据情感的总定义，神不会有被动的情感。其次，根据第一部分论点二十的推论，神不会过渡到较大或较小的完美，因此，根据情感的定义二和三，神不会有快乐或痛苦。

推论：严格来说，神不会爱人，也不会恨人。根据前面的论点，神没有快乐或痛苦，因此根据情感的定义六和七，神不会爱人，也不会恨人。

论点十八：没有人能够恨神。

论据：根据第二部分论点四十六和四十七，在我们心中，神的观念是充分的、完美的。因此根据第三部分论点三，因为我们了解神，所以我们处于主动状态。根据第三部分论点五十九，我们对神的观念不会有痛苦，根据情感的定义七，没有人能够恨神。

推论：我们对神的爱不会转变成恨。

注释：或许有人反对，既然我们说神是万物产生的原因，那么神也是痛苦产生的根源。我们可以这样回答：如果我们了解痛苦的原因，根据第五部分论点三，我们就没有被动的情感了。根据第三部分论点五十九，也就是说，痛苦消失了。因此，只要我们认为神是痛苦产生的原因，我们就会感到快乐了。

论点十九：凡是爱神的人，不会期望神也能以爱回报他。

论据：假设一个人期望神会爱他，根据第五部分论点十七的注释，那么他所爱的就不是神。因此，根据第三部分论点十九，他会感到痛苦，根据第三部分论点二十八，这是矛盾的。因此，凡是爱神的人，不会期望神也能以爱回报他。

论点二十：对神的爱不会被嫉妒的情感所玷污，反之，当我们感觉到越多的人对神也有这种爱时，我们对神的爱就会加深。

论据：根据第四部分论点二十八，我们在理性的指导下，对神的爱是我们所能追求的最美好的事情。根据第四部分论点三十六，这种美好是众人共同拥有的，我们也愿意大家一起分享这种美好。因此，根据情感的定义二十三，对神的爱不会被嫉妒的情感所玷污。反之，根据第三部分论点三十一，当我们感觉到越多的人对神也有这种爱时，我们对神的爱就会加深。

注释：同理我们可以证明，没有任何一种情感是与对神的爱对立或者能消灭这种爱的情感。由此可得出如下结论：在所有的情感中，对神的爱是最永恒的。因为这种情感是与人体相联系的，所以当人体消逝后，这种爱才会随之消失。关于这种情感与思维的关系，下面将加以阐述。

我们在上面已经对如何克制情感、思维束缚情感的力量加以详细论述，我们知道了思维束缚情感的力量表现在：

关于情感的认识。（参照第五部分论点四的注释）

思维分割了情感本身与我们对外在因素的混乱想象。（参照第五部分论点二及论点四的注释）

在时间性上，思维与我们清晰认识的事物之间的情感，相比思维与我们片面了解的事物的情感，要长一些。（参照第五部分论点七）

情感与事物之间的共同点，是通过众多引发情感的因素培养起来的。（参照第五部分论点九和论点十一）

最后，思维能按照一定的次序对各个相互关联的情感加以梳理。（参照第五部分论点十的注释及论点十二、十三、十四）

要想了解思维究竟有多大克制情感的能力，我们可以从下面的事实中得知。我们所谓的某个情感比较强烈，是建立在对两个及以上的人的情感的比较后得出的，或者是同一个人的众多情感中，其中某一种情感对他的影响较大。根据第四部分论点五，情感的强弱程度是由外因与我们自身力量的比较决定的。思维的力量是由知识决定的，思维的强弱是由知识的不足、观念的偏差所决定的。因此，如果思维中充满了不充分的观念，那么思维就处于被动状态，我们可以根据思维的被动之处来判断思维的情况。反之，如果思维中具备充分的观念，思维就处于主动状态，即使与前种情况一样，思维中还存在不充分的观念，我们还是应该通过了解充分的观念来判断思维的状态。

另外还需注意的是，思维表现出来的一些病态是源于对某个事物的爱，而这个事物往往是变化莫测的，我们不可能真正拥有。因为，如果不是爱某个事物，就不会有烦恼。事实上，所有的侮辱、猜疑、恨等情感，都可以说是源于爱某个事物，而又得不到。

根据第二部分论点四十七的注释，我们能很容易理解，清晰明了的知识，特别是基于对神的认识而产生的第三种知识，在我们克制情感的过程中起到什么样的作用。这种知识对于被动的情感来说，根据第五部分论点四的注释，虽然不能消除被动的情感，但根据第五部分论点十四，却能使思维中只包含极小部分的这种情感。根据第五部分论点十五和第二部分论点四十五，这种知识能促进我们对我们真正拥有的事物的永恒不变的爱。根据第五部分论点十五，这种爱没有一般意义上的爱的缺点，因此它能不断滋长，不断触动着人的思维。

至此，关于现实生活的东西，我已经讲完了。我在此论点的注释的开始部分表明，要用几句简短的话概括，思维如何克制情感的良方。对于这一点，我想只要结合我在这个注释里的观点、思维的定义和情感的定义、第三部分论点一和三，就能明白。现在，我想是时候对与人体无关的思维的存续期问题加以探讨了。

论点二十一：当人体存在时，思维才能想象或者回忆过去的事物。

论据：根据第二部分论点八的推论，只有人体存在时，思维才能体现人体的客观存在、感受到人体的变化。因此，根据第二部分论点二十六，只有人体存在时，思维才能认识到人体的客观存在；根据第二部分论点十七的注释中关于想象力的定义，第二部分论点十八的注释中关于记忆的定义，只有人体存在时，思维才能想象或者回忆过去的事物。

论点二十二：然而，在神之内，必须要有一个在永恒形式下能体现人体本质的观念。

论据：根据第一部分论点二十五，神不仅是人体存在的原因，也是人体的本质。根据第一部分公理四，这种本质只有通过神的本质才能被认识，根据第一部分论点十六，必须通过某种永恒的必然性才能被认识。根据第二部分论点三，这种概念只存在于神之内。

论点二十三：思维不会随着人体的逝去而绝对消失，思维的某些东西是永恒的。

论据：根据第五部分论点二十二，神之内必然存在着一种体现了人体本质的概念或观念，根据第二部分论点十三，这种概念必然是与人的思维的本质相关的。但是，我们除了对人体的客观存在用时间的维度加以定义外，并没有给人的思维定义存续期。也就是说，根据第二部分论点八，只有当人体存在时，我们才会说思维有存续期。根据第五部分论点二十二，思维中的某种东西，只能通过神的必然性和永恒性被认识，而这种东西是与思维的本质相关的，因此也必然是永恒的。

注释：我们已经说过，这种在永恒的形式下体现人体本质的观念，是一种思想形态，它属于思维的本质，因此必然是永恒的。但是，回忆人体存在之前的事情是不可能的，因为人体不能追溯到这种存在的痕迹，因为永恒不能以时间的维度来衡量，永恒与时间无关。但是，我们感觉自己是永恒的。因为思维是通过认知感知事物，并不仅仅通过回忆去认识事物。因此，虽然我们不记得我们先于人体存在，但是我们知道我们的思维在永恒的形式下是永恒的，因为它涉及到人体的本质，因此思维的存在不能用时间或存续期来定义。只有当我们的思维涉及到客观存在的人体时，我们的思维才存在时间性，也只有在这种情况下，思维才拥有用时间决定事物存在的力量。

论点二十四：如果我们对个体事物了解得越多，我们对神的理解就越多。

论据：根据第一部分论点二十五的推论可知。

论点二十五：思维的最大努力和最高德行在于通过第三种知识去理解事物。

论据：根据第二部分论点四十的注释二对第三种知识的定义，第三种知识是指通过对神的某一属性的充分认识而正确理解事物的本质。根据上一个论点，如果我们越能以这种方式来事物理解，我们就能更好地了解神。因此，根据第四部分论点二十八，思维的最大德行，根据第四部分定义八即思维的力量或性质或最大努力，在于通过第三种知识去理解事物。

论点二十六：如果思维通过第三种知识理解事物的能力越强，那么思维就越愿意用这种方式去理解事物。

论据：这个论点很明显。因为只要我们感知到，我们能够通过第三种知识去理解事物，我们便会认为思维是通过这种方式去理解事物的。因此，根据情感的定义一，如果思维通过这种方式理解事物的能力越强，它就越愿意这样做。

论点二十七：这种第三种知识能激发思维的最大满足感。

论据：根据第四部分论点二十八，思维的最高德行在于对神的认知，根据第五部分论点二十五，思维的最高德行在于通过第三种知识去理解事物。根据第五部分论点二十四，思维通过这种知识理解事物的能力越强，思维的德行就越大。因此，如果某人通过这种知识理解事物的能力越强，他就能越完美。根据情感的定义二，他就会越快乐；根据第二部分论点四十三，快乐是源于自身和自身的德行的情感。因此，根据情感的定义二十五，这种知识能激发思维的最大满足感。

论点二十八：根据第三种知识去理解事物的努力或欲望，不可能是源于第一种知识，而是源于第二种知识。

论据：这个论点很明显。因为凡是我们能清晰理解的事物，我们要么是从这个事物自身去加以理解，要么是通过能被自身体现的事物去理解。也就是说，我们清晰认识的观念，或根据第二部分论点四十的注释三，属于第三种知识的观念，不可能与零碎的、混乱的、与第一种知识相关的观念一致，而是与具备充分观念的第二种和第三种知识相一致。因此，根据情感的定义一，根据第三种知识去理解事物的努力或欲望，不可能是源于第一种知识，而是源于第二种知识。

论点二十九：在永恒形式下，思维并不是通过客观存在的人体去理解一切事物，而是通过感知人体的本质去理解事物。

论据：只有当思维感知到人体的当前存在时，它才会有时间观念，根据第五部分论点二十一和第二部分论点二十六，思维才具备用从时间性的角度去认识事物的能力。但是，根据第一部分定义八及其注释，永恒与时间性是没有关联的。因此，在永恒的形态下，思维没有认识事物的能力。根据第二部分论点四十四的推论二，思维之所以具备这种能力，是在于在永恒的形态下理性认识事物的性质；根据第五部分论点二十三，在于在永恒的形态下思维感知人体本质的性质。因为根据第二部分论点十三，除了这两点外，没有其他东西是属于思维的本质的。因此，在永恒形式下，思维并不是通过客观存在的人体去理解一切事物，而是通过感知人体的本质去理解事物。

注释：我们无非是通过这两种方式感知到事物的客观存在：与一定的时间和空间相关的事物的存在；遵循神的必然性的事物的存在。我们通过这两种方式感知到的事物是客观存在的，是因为我们在永恒的形态下去认识它们，而且根据第二部分论点四十五及其注释，它们的观念涉及到了神的永恒和无限的本质。

论点三十：在永恒的形态下，只要我们的思维能认识到自身和人体，那么思维必然也认识神，并且知道自身是通过神被外界认识的。

论据：根据第一部分概念界定八，永恒是神的本质，而且必然会涉及到存在。因此，在永恒的形态下认识事物，就是通过神的本质去认识事物，只要我们的思维能认识到自身和人体，那么思维必然也认识神，并且知道自身是通过神被外界认识的。

论点三十一：就思维自身是永恒的而言，第三种知识依赖于思维，思维是这种知识形成的原因。

论据：根据第五部分论点二十九，在永恒的形态下，思维除了能感知到自身的身体外，感知不到任何其他事物。换言之，根据第五部分论点二十一和二十三，只有当思维是永恒的时候，它才能对神有充分的认识。因此，根据第二部分论点四十，思维在这种情况下才能认识遵循神的属性的事物。根据第二部分论点四十的注释二，思维才能根据第三种知识去认识事物。根据第三部分概念界定一，就思维是永恒的而言，第三种知识依赖于思维，思维是这种知识形成的原因。

注释：因此，如果某人的知识越丰富，他就越能认识自己，也越能认识神。也就是说，他越完美，感到越快乐。需要注意的是：虽然我们知道在永恒的形态下，思维能认识事物，但是为了便于大家理解，我们将用以前的方法来加以论证，假设思维是从现在开始才存在，并且从现在开始才在永恒的形态下去认识事物。我们可以放心地用这种方法来论证，但是在没有充分的前提时，绝不轻易下结论。

论点三十二：我们通过第三种知识去认识事物时感到的快乐，必

然伴随着神的观念，而且神的观念是这种快乐产生的原因。

论据：根据第五部分论点二十七，第三种知识能激发思维的最大满足感。也就是说，根据情感的定义二十五，思维能获得最大的快乐，而这种快乐是伴随着思维自身的观念而产生的。因此，根据第五部分论点三十，即伴随着神的观念，而且神的观念是快乐产生的原因。

推论：从第三种知识中必然产生对神的理智的爱。因为根据第五部分论点三十二，这种知识伴随着神的观念，神的观念是快乐产生的原因。根据情感的定义六，即激发了对神的爱，而根据第五部分论点二十九，我们并没有想象神就在面前，只是认定神是永恒的，这就是对神的理智的爱。

论点三十三：由第三种知识激发的对神的理智的爱是永恒的。

论据：根据第五部分论点三十一和第一部分公理三，第三种知识是永恒的。因此，同理，由第三种知识激发的对神的理智的爱也是永恒的。

注释：根据第五部分论点三十三，对神的这种爱虽然没有开端，但却具有爱的完美性。

论点三十四：只有当人体存在时，思维才会收到情感的束缚。

论据：根据第二部分论点十七的注释，想象是一种思维认为事物就在眼前的一种观念。但是，根据第二部分论点十六的推论，想象更多的是体现了人体的当前状态，而不是外界事物的性质。因此，根据情感的总定义，情感是体现人体当前情况的一种想象。根据第五部分论点二十一，只有当人体存在时，思维才会收到情感的束缚。

推论：由此可知，除了理智的爱之外，其他的爱都不是永恒的。

注释：只要我们注意一下人们的共同观念，我们就会发现，他们也意识到了自身思维的永恒性，但是他们往往会把永恒和存续期混为一谈。认为永恒是死后还存在的事物，因为他们把永恒归为想象或记忆。

论点三十五：神给予自身无限的理智的爱。

论据：根据第一部分概念界定六，神是绝对无限的。这就是说，根据第二部分概念界定六，神从本性上享受着自身的无限完美性，而根据第二部分论点三，这种享受伴随着神自身的观念；或者根据第一部分论点十一和概念界定一，即它自身的观念就是原因，这就是我们在第五部分论点三十二的推论中所说的理智的爱。

论点三十六：思维对神的理智的爱，也就是神给予自身的爱。这不是因为神的无限性，而是因为在永恒的形态下，神能通过人类思维的本质被认识。换言之，思维对神的理智的爱，也就是神给予自身的爱的一部分。

论据：根据第五部分论点三十二的推论和第三部分论点三，思维的这种爱必然是与思维的主动性相关。根据第五部分论点三十二及其推论，这种主动性源自于思维认识自身的行为，并伴随着神的观念。根据第五部分论点三十五，思维的这种爱，就是神给予自身的爱的一部分。

推论：由此可知，当我们说神爱自己的时候，也就是说神爱人类。因此，神对人类的爱，与思维对神的理智的爱，事实上是一体的。

注释：由此我们理解了什么是得救、幸福或自由：也就是对神的持之以恒的爱、神对人类的爱。这种爱或幸福，圣经上称之为光荣，是有其原因的。无论这种爱是出于神还是思维，都使得精神上得到了满足，根据情感的定义二十五和三十，这种精神上的满足，与光荣并没有区别。根据第五部分论点三十五，当爱源自于神的时候，这种爱同时伴随着神的观念和快乐；当爱是源自于思维时，根据第五部分论点二十七，这种爱也是伴随着神的观念和快乐。

同时，我们的思维的本质是由知识构成的，根据第一部分论点十五和第二部分论点四十的注释，神是知识的源头和基础。由此我们可知，在什么情况下，我们的思维的本质和存在是遵循于神的。

论点三十七：自然界中不存在与这种理智的爱相违背、或是能带走这种爱的事物。

论据：根据第五部分论点三十三和三十九，理智的爱必然遵循思维的本性，因为思维是通过神的本性被认识的，这是永恒不变的真理。假设有一种事物违背了这种理智的爱，那么这种事物就违背了真理，使真理演变成了错误。这是荒唐的。因此，自然界中不存在与这种理智的爱相违背、或是能带走这种爱的事物。

注释：第四部分的公理中，指的是特定时间和地点的个体事物。我想关于这一点，没有人会怀疑。

论点三十八：如果思维通过第二种和第三种知识所理解的事物越多，那么思维就越不会受到恶的情感的影响，就越不会惧怕死亡。

论据：根据第二部分论点十一，思维的本质包含知识，因此，如果思维通过第二种和第三种知识所理解的事物越多，根据第五部分论点二十九和二十三，思维中永恒的部分就会越多。根据上一个论点，这些部分就越不会受到违背我们本性的情感的束缚。所谓违背我们本性的情感，即恶的情感。因此，如果思维通过第二种和第三种知识所理解的事物越多，那么思维中不受影响的部分就越大，从而也更不会受到情感的束缚。

论据：由此我们可以理解第四部分论点三十九的注释中指出的观点了，我曾在那里作出承诺，要在此部分中加以阐述。如果思维越清晰，死亡就越显得微不足道，思维也会由此更爱神。其次，根据第五部分论点二十七，既然第三种知识能激发最大的认同感，那么根据第五部分论点二十一，与人体同时消亡的部分相比于永恒存在的部分，人类的思维就会认为其重要性更大一些。但是，关于这一点，我在后面再详细论述。

论点三十九：如果某个人的人体具备的活动能力越大，那么他的思维的大部分都是永恒的。

论据：根据第四部分论点三十八，如果某个人的人体具备的活动能力越大，那么他就越不会受到恶的情感的束缚。根据第四部分的论点三十，就越不会受到违背我们本性的情感的束缚。因此，根据第五部分论点十，他就越能够在理性的指导下排列和调节人体的变化。而人体的变化最终都是归结到神的观念，根据第五部分论点十五，他就会对神产生爱意，根据第五部分论点十六，这种爱意必然占据了思维的主要部分。因此，根据第五部分论点三十三，这个人的思维的大部分必然都是永恒的。

注释：既然人体拥有很多活动能力，那么毫无疑问，人体具备如下的性质：人体与思维相关，而思维具备大量的与神相关的知识，而且大部分都是永恒的。因此，他们很少会畏惧死亡。

但是为了更清楚地理解这一点，我们必须提醒大家注意：我们生活在一个充满变化的世界里，因此我们的状态有可能会变坏或变好，相应的，我们会感到快乐或悲伤。

一个人从婴儿或小孩到死亡的过程，是悲伤的；但是如果我们能在保持清晰的思维、完好的身体的情况下，度过整个生命旅程，那么我们就是快乐的。现实中，当某人还是一个婴儿或小孩的时候，他能做的事情特别少，大部分事情都依赖于外界因素，从思维的角度看，他对自身、神或其他事物并没有多少意识；而当一个人具备了很强的活动能力时，他就会对自身、神或其他事物有较强的意识。因此，在生活中，我们要努力使自己从一个小孩成长为一个具备很强活动能力的人，使我们的思维对自身、神和其他事物具备充分的意识。由此，一切与想象和记忆相关的东西，与理智相比，就像我在前一个论点的注释中所说的，就会显得没有意义。

论点四十：如果某个事物越完美，它就越主动，反之就会越被动。同理，如果某个事物越主动，它就越完美。

论据：根据第二部分概念界定六，如果某个事物越完美，它就越现实。因此，根据第三部分论点二及其注释，它就越主动。同理可以证明，如果某个事物越主动，它就越完美。

推论：由此可知，思维中可以永存的部分，不论大小，都比其他的部分要更完美。根据第五部分论点十三和二十九，思维中永存的部分，根据的第三部分论点三，只能通过理解指导我们的行动；根据第五部分论点二十一，思维中短暂的、会消亡的部分只是想象，根据第三部分论点三和情感的总定义，在这种情况下，我们处于被动状态。因此，前者无论大小，都比后者更完美。

注释：上述这些是我想提出来的，当人体与思维无关的时候关于思维的一些观点。根据第一部分论点二十一和其他地方的一些论点，我们可以很容易理解，当我们的思维处于一种永恒的思考模式，而这种模式又受到另外一种永恒的思考模式的影响时，以此类推，以至无穷，所有这些思考模式的整体就构成了神的永恒和无限的智慧。

论点四十一：即使我们不知道我们的思维是永恒的，我们也应该

把虔诚和信仰以及我们在第四部分中提到的所有与勇气和高尚品德相关的德行，放在最重要的位置。

论据：德行的唯一基础，根据第四部分论点二十二的推论和论点二十四，即正确的生活方式，是追寻自身的真正利益。在理性的指导下，当我们判断什么是有益的时候，我们并没有考虑到思维的永恒性，我们也直到第五部分才开始关注思维的永恒属性。之前我们虽然不知道思维是永恒的，但是我们已经认识到了勇气和高尚德行的重要性。因此，即使我们仍然忽视思维的永恒性，我们也应该把理性放在首要位置。

注释：大多数人所持的信念都是不同的。大部分人认为他们是自由的，因为他们能随心所欲；他们需要放弃自己的权利，因为他们生活在神的规律和规则下。因此，他们认为一切与思维的坚定相关的东西都是负担，如虔诚、信仰等。他们希望死后可以摆脱这些东西，他们希望自己所受的奴役，即虔诚和信仰，能够得到报偿。但是他们的希望不止这一个，他们害怕自己死后还会受到严厉的惩罚。因此，他们脆弱无力的思维尽量遵循着神的规则而生活。

如果人们没有这种期望和担忧，相信思维会和人体一起逝去，被虔诚和信仰压迫的不幸的人的生命并不能延长，那么他们就会恢复自己的爱好，放纵自己的欲望，宁愿相信命运，而不再相信自己。这种态度，与一个不相信食物可以维持他的身体，而希望用毒品填饱肚子的人一样荒唐；或者与一个因为思维不是永恒的，所以选择过不用脑子的非理性生活的人一样荒唐。诸如此类的观念实在是荒诞，不值得多费口舌加以反驳。

论点四十二：幸福不是德行的回报，而是德行本身。我们也不是因为控制了我们的欲望，才享受到其中的幸福。相反，是因为我们享

受到了其中的快乐，才能控制我们的欲望。

论据：根据第五部分论点三十六及其注释，幸福包含于对神的爱之中，根据第五部分论点三十二的推论，这种爱源于第三种知识。因此，根据第三部分论点三和论点五十九，这种爱必然与思维相关，因为思维是主动的，根据第四部分概念界定八，即德行本身。这是我们要论证的第一点。其次，如果思维越能享受这种神圣的爱或幸福，那么根据第四部分论点三十二，它就越能理解事物，根据第五部分论点三的推论，它就越能克制情感，根据第五部分论点三十八，它就越不会受到恶的情感的束缚。因此，如果思维越能享受这种神圣的爱，它就越能控制自己的欲望。既然人类控制情感的力量大小在于理解的程度，因此没有任何人是因为控制了自身的欲望才感到幸福，而是刚好相反，他控制自身欲望的力量是源于幸福本身。

注释：至此，我已经完成了对思维克制情感的力量和思维的自由的阐述。由此我们可知，一个英明的人为什么比一个只由欲望驾驭的无知的人的力量要大。因为无知的人不仅会受到外界因素的多种方式的影响，从来没有获得过精神的真正认同和满足感，而且意识不到自己、神和其他事物的存在。一旦他不再遭受痛苦，他也就不存在了。然而一个英明的人，他的精神很少会受到外界的干扰，在特定的永恒的必然性下，他对自身、神和其他事物有充分的意识，他的精神永远都会有一种认同和满足感，他会永远存在着。虽然我指出的要达到这种结果的方式或许比较艰难，但是它却是我们发现的真正可行的方式。这种方式很少被发现，足以说明这种方式是比较艰难的。如果一件事情的解决方案唾手可得，不费任何精力就能解决，那么怎么可能会被人们所忽视呢？拥有一切卓越的事物都是很难的，正如它们是那么稀少一样。